발명 상업화 바이블

발명출시부터 특허분쟁까지

발명 상업화 바이블

신경섭 지음

시그마북스
Sigma Books

발명 상업화 바이블

발행일 2015년 3월 9일 초판 1쇄 발행
지은이 신경섭
발행인 강학경
발행처 시그마북스
마케팅 정제용, 신경혜
에디터 권경자, 양정희, 최윤정
디자인 홍선희, 최미영, 최지애

등록번호 제10-965호
주소 서울특별시 영등포구 양평로 22길 21 선유도코오롱디지털타워 A404호
전자우편 sigma@spress.co.kr
홈페이지 http://www.sigmabooks.co.kr
전화 (02) 2062-5288~9
팩시밀리 (02) 323-4197
ISBN 978-89-8445-684-6(03320)

이 도서의 국립중앙도서관 출판예정도서목록(CIP)은 서지정보유통지원시스템 홈페이지(http://seoji.nl.go.kr)와
국가자료공동목록시스템(http://www.nl.go.kr/kolisnet)에서 이용하실 수 있습니다.(CIP제어번호: CIP2015004508)

* 시그마북스는 ㈜시그마프레스의 자매회사로 일반 단행본 전문 출판사입니다.

발견은 다른 모든 이들이 똑같이 보는 것을 보면서
뭔가 다른 것을 생각하는 데 있는 것이다.

– 알버트 폰 센트 기오르기 박사(노벨의학상 수상자)

이 책이 작은 밀알이
되길 바라며

'국제 특허분쟁 실무전문가 양성 명품 교육프로그램', 이것은 내가 훨씬 조건이 좋은 다른 제안들을 뿌리치고 학교로 간 가장 큰 이유이자, 한국에 영주귀국한 두 번째 목표였다. 그런데 여러 사정으로 국내에서는 실행하기 불가능하다고 판단했다. 그 당시 2013년 초부터 나는 내 진로에 대한 심각한 고민에 빠졌다. 부모님의 마지막 삶을 같이 하겠다는 영주귀국의 첫 번째 목표는 이루었고, 6년이 다 된 역기러기 아빠의 삶에 심신은 지칠 대로 지쳤다. 법무법인과 회계법인을 오래 했기에 여생을 궁색하게 살지 않아도 되지만, 아직도 대학교육이 남아 있는 막내딸을 위해서 일은 해야 했다.

그런 상황을 가장 쉽게 해결하는 방법은 가족들이 기다리는 미국에서 다시금 변호사 업을 하는 것인데, 방법은 2가지가 있었다. 가장 쉬운 방법은 16년간 했던 내 법인을 부활시켜서 자영업을 다시 시작하는 것이지만, 한 번 접은 사업을 다시 하기는 정말 싫었다. 다른 방법은 IP분쟁전문 미국 로펌에서 특허분쟁을 담당하는 것이다. 그런데 나를 고용할 미국 로펌의 입장에서 생각해보면 나의 가치는 미국 특허권자들의 권리를 보호하는 데 있으니, 결국 내가 제일 잘 아는 한국 기업들을 미국 특허로 공격해야 하는 것이다. 이는 내 가치관에 맞지 않는 일이다. 그래서 내린 결정은 가족들에게는 미안하지만 한국에 남아서 외국 특허권자들이 한국 기업을 대상으로 하는 특허분쟁을 해결하는 것이었다.

그러한 결정을 내리고 난 뒤 풀어야 할 과제가 있었다. 바로 한국 공무원들과 교육계, 그리고 법률과 특허업계에서는 어느 정도 있지만, 정작 국내기업들에게는 많지 않은 나의 인지도였다. 이를 해결할 방법으로 국내 10대 로펌에 들어가는 것과 SNS와 언론을 통한 홍보를 택했다. 하지만 홍보가 그리 녹록하지 않았다. 나는 학교에 있으면서 암투병 중이신 모친을 간병하며 강의와 저술밖에 하지 않았고, SNS는 애초부터 도통 관심이 없었기 때문이다. 하지만 미국에서부터 언론칼럼을 통한 홍보는 오래 했기에, 국제 특허분쟁 업무에 관심이 있을 그룹들이 주로 구독하는 언론매체에 시리즈 칼럼을 게재하기로 했다.

국내기업의 대다수인 ICT 업체들이 구독하는 〈전자신문〉에는 '국제 특허분쟁, A to Z'란 타이틀로 10주에 걸쳐서 국내기업들이 처했던 국제 특허분쟁의 해결방법을 소개했다. 국내 11개 대학원에서 강의를 했는데 수강생의 상당수가 법조계에 몸담고 있었다. 이들을 대상으로 해서 〈법률신문〉에 '신피터경섭이 본 국제 지식재산권분쟁'이라는 제목으로 2014년 한해 동안 국내 법조인이 알고 싶은 국제 특허분쟁의 법률적인 정보를 공유했다. 대한변리사회에서 발간하는 〈특허와 상표〉에 10개월간 '신피터경섭 미국 Patent Attorney의 한국 변리사들의 New Income Source' 시리즈 칼럼을 통해서 새 수입원을 창출해야 하는 국내 특허업계에 도움이 될 만한 나의 지식과 경험을 나누었다.

2014년 내내 "세상에서 가장 무서운 빚이 글 빚이다"라는 말을 통감하면서 모든 칼럼을 완결하고, 이젠 온라인과 내 웹하드에만 남아 있는 글들을 다시금 읽어보았다. 정작 글을 쓸 때는 자각하지 못했지만, 그동안 쓴 글들을 함께 읽으니 뭔가 연결고리가 있다는 생각이 들었다. 그것은 발명자들이라면 항시 목말라하는 '발명의 상업화'라는 대주제였다. 이 글들과 다른 언론매체에 게재한 단발 시사성 기고문들을 다듬으면 국내 발명자들에게 유용한 '발명 상업화 가이드'를 만들 수 있겠다는 생각이 들었다.

나는 네 번째 졸서인 『미국특허침해소송론』을 쓰는 데 매일 강의와 운동, 취침을 제외한 모든 시간을 쏟아부었다. 무려 20개월 이상 동안 말이다. 게다가 글을 쓰는 동안 어깨근육이 파열되었고 구안와사(口眼喎斜)까지 걸리기도 했다. 심신이 모두 너무 고생을 했기에 더 이상 책을 쓰지 않겠다고 다짐했다. 이 책 『발명 상업화 바이블』

은 이런 내 자신과의 약속을 2년도 되지 않아서 깨는 것이었다.

"발명 상업화의 가이드라인은 박근혜 정부의 '창조경제' 키워드를 실현하는 데 절대적으로 필요한 길라잡이입니다. 또한 국내 발명자들에게 절실한 정보이니 국내 발명자들을 위해서 내야지요. 힘들겠지만 출간하세요"

나의 이런 고민을 우연히 멘토인 따거(大兄) 함수영 원니스 특허경영연구원장에게 나누었고, 함 원장의 고견은 나를 다시금 3개월 더 컴퓨터 앞에 앉아 있게 했다.

이렇게 해서 내 졸서를 다시 내준 시그마북스의 강학경 사장에게 또 다시 큰 빚을 지면서 본 『발명 상업화 바이블』이 탄생했다. 이 책이 나의 미비한 미국 특허출원 노하우를 공유한 『미국 특허 이야기』(2003)와 200건의 미국 현지 특허침해분쟁 지식과 경험을 쏟아부은 『미국특허침해소송론』(2012)과 함께 대한민국이 IP강국이 되는 데 작은 밀알이 되기를 진심으로 바란다.

이젠 더 이상 병마로 고생하지 않으셔도 되는 부모님, 나의 영원한 베프인 아내, 그리고 내 삶의 가장 큰 성공이자 행복인 주희와 유희. 그립습니다. 감사합니다. 사랑합니다.

삶의 깊이가 더해갈수록 감사함이 늘어감에 더 감사하며

2015년 3월 13일
신경섭

차례

1부 발명의 발상에서 출시까지

2부 발명으로 부가가치를 만들어보자

1부

발명의 발상에서 출시까지

KAIST 전임교수로 임용된 후에 받은 첫 번째 학교의 요청은 학교의 특허기술 매매와 라이선스 지원이었다. 그 당시 연간 20억 원의 특허 관련 경비 대비 특허 관련 수입은 8억 원에 지나지 않았기 때문이다. 하지만 학교는 소유한 특허들을 어떻게 상업화해야 할지 체계적인 계획이 없었다. 대한민국에서 내로라하는 석학들도 자신의 발명 상업화에 이렇게 무지한데, 일반 발명자야 어느 정도일지 짐작이 되고도 남았다.

해서 1부에서는 발명 상업화의 첫걸음인 샘플제작 · 특허출원 · 시장성 조사 중 우선적으로 해야 할 것을 결정하는 방법부터, 변리사를 통한 특허등록 개요, 발명의 시장가치를 발견할 수 있는 관련 업계와 시장을 조사하는 방법, 그리고 실시권자를 통한 성공적인 특허 · 발명의 출시를 위한 실시권 협상전략까지 필자 노하우를 공유하겠다.

1장
발명 상업화의
기본 중 기본

발명자가 발명을 한 다음에 원하는 것은 본인의 발명을 상업화 해서 금전적 이득을 얻는 것이다. 그런데 발명과 발명의 상업화 그리고 금전적인 이득을 성취하는 것은 각각 완전 다른 능력이 필요하다. 더 중요한 것은 발명자의 자식인 발명을 어느 누구도 그 가치를 인정하기는커녕 시장성에 대해서도 잘 인정하지 않는다는 것이다.

그렇다면 발명자가 발명을 상업화하기 위해서 첫 번째로 해야 할 과제는 무엇일까? 그것은 바로 발명 상업화를 위한 기본 중 기본부터 챙기는 것이다. 기본 중 기본의 처음은 본인 발명의 시장가치를 찾아내는 것이다.

발명의 시장가치란
무엇일까?

필자를 찾아왔던 수많은 발명자들이 공통적으로 질문하는 것 중에 하나는 본인 발명의 가치가 얼마나 되겠느냐는 것이다. 그러면 필자는 당연히 가치가 있다고 말해준다. 왜냐하면 최소한 발명자 본인은 본인 발명에 가치를 부여하기 때문이다. 하지만 어떤 상품이되었건 그 가치는 시장의 수요와 공급의 법칙에 따라 결정된다. 특히 새로운 발명의 가치는 ① 몇 명이나 해당 발명이 가치가 있다고 생각하는지, ② 그런 사람들은 누구이며, ③ 어디에 있는지, ④ 누가 그들에게 해당 발명을 공급하는지, 그리고 ⑤ 해당 발명을 구입하고 사용하는 데 얼마의 액수를 지불할 용의가 있는지, 이런 기본적인 질문들에 대답이 나와야 한다.

이 책은 기본적으로 위 다섯 질문들의 답을 찾아가는 과정이다. 그런데 대부분의 왕초보 발명자들은 이러한 기본적인 질문들은 하지 않고 본인들이 생각하는, 아니 믿고 싶은 발명의 가치만을 고집한다. 즉, 시장가치가 아닌 본인에게만 이익이 되는 방향으로 가치를 받으려 하니까 발명의 상업화와 금전적 이득을 취득하는 데 실패하는 것이다.

발명자가 인정해야 할 첫 번째 사항은 발명자 본인은 시장을 조절할 수 없다는 것이다. 발명자가 생각하기에 자신의 발명이 아무리 전 인류에게 유익하다고 해도 사람들이 그 필요성이나 가치를 인정해주지 않는 경우가 많다.

예를 들어보자. 자동차의 안전벨트는 불시에 생긴 사고에서 탑승자의 생명을 구하는 정말 중요하고 가치 있는 발명이다. 하지만 자동차의 본고장인 미국에서도 연방정부가 '안전벨트 착용 상용화법'을 책정하기 전까지는 아무도 안전벨트를 구입하지 않았다.

안전벨트가 발명된 뒤 착용 상용화법이 제정되기까지의 기간은 상당히 길었고, 그 결과 안전벨트를 발명한 사람이 금전적 이득을 얻었는지도 알려지지 않고 있다. 즉, 안전벨트 발명자는 안전벨트의 가치를 발명하는 순간 알았지만, 당시 일반대중의 시각에서는 돈을 내고 살 만큼 가치 있지는 않았던 것이다.

대기오염과 사용되는 에너지를 줄일 수 있는 전기차, 전기절약 가전제품 등 이러한 예는 수없이 찾을 수 있다. "향후 3년 동안 50%나 (그 어떤 형태로든) 절약이 되어도, 일반 소비자는 10% 이상의 가격인상을 감수하지 않는다"라는 시장의 법칙이 있다.

두 번째로 발명자가 인정해야 할 것은 발명의 절대다수가 인간적인 생활에 기본적으로 필요한 의식주와 연결된 것이 아니라는 점이다. 전기, TV, 컴퓨터, 인터넷, 스마트폰 등 지난 1세기 동안 천지를 개벽시킨 발명들은 발명 시점 이전 최소 1세대에는 존재하지 않았던 것들이다. 즉, 그 이전 세대는 그런 발명이 없어도 충분히 기본생활을 영위할 수 있었다. 이를 뒤집어서 말하면 일반대중은 의식주와 연관된 발명이 아니면 쉽게 본인의 오래된 습관을 버리지 않는다는 것이다. 그 예로 필자는 오랜 기간 특허를 전문으로 하는 변호사이고 특허와 관련된 기술들을 실시간으로 검사하고, 기술 트렌드를 실시간으로 업데이트해야 해서 모바일기기가 상당히 유용하다는 것을 알고 있었다. 하지만 스마트폰은 삼성전자의 갤럭시 S3가 나와서야 구입했다. 그것도 이전에 가지고 있던 휴대전화의 접이부분이 고장 나고 다음날 그 휴대전화마저 잃어버려서였다. 아직까지도 필자는 태블릿을 구입하지 않고 있다.

이렇게 일반대중의 의식주와 무관한 본인의 발명이 상업화가 되려면 누군가는 생산을 하고 유통을 하고 홍보도 해야 한다. 이러한 발명품의 생산, 유통, 홍보에 당연히 투자를 많이 해야 하고, 그 투자는 발명품을 상업화하는 경비에 녹아 든다. 따라서 최소한 이러한 경비보다는 많은 수익을 창출할 수 있어야 상업화를 시작할 수 있다.

하지만 그 어떤 투자자도 본인 투자액과 동일한 액수의 수익만 나오는 사업에는 투자하지 않는다. 결국 일반대중의 발명에 대한 인식을 바꿔서 발명을 구매하게 해야 하는데, 인식을 얼마나 바꾸어야 할지도 중요하다.

예를 하나 들어보자. 전자 톨ᵉ 시스템인 하이패스를 사용하면 톨 부스에서 기다리고 멈추고 톨비를 지불하고 다시 출발하는 시간, 짧으면 1~3분 길면 15분 이상의 (연휴와 명절에는 이런 시간을 계산하기도 불가능한) 시간을 절약할 수 있다. 또한 자동차의 감속, 정지, 출발에 들어가는 연료비를 절감할 수 있다. 하지만 이 책이 출간된 시기인 2015년을 기준으로 하이패스 전국 영업소가 완전 개통된 지

7년이 넘었는데도 하이패스를 사용하는 차량은 전체의 1/3도 되지 않는다(하이패스 이용률은 60%). 왜 더 많은 사람들이 시간과 연료를 절약할 수 있는 하이패스를 사용하지 않을까?

　필자가 추측하건대 단순하게 돈 때문이다. 예를 들어 하이패스 단말기 가격을 10만 원이라고 하자. 하이패스를 한 번 사용할 때 톨비 100원이 절약될 경우, 단말기 가격 10만 원만큼 이익을 보려면 고속도로 톨게이트를 1천 번이나 통과해야 한다는 결론이 나온다. 고속도로 톨게이트를 1천 번이나 통과하는 것은 (주말 가족 나들이용으로나 자가용을 사용하는) 일반대중에게는 거의 무한대의 시간이고, 이를 위해서 10만 원이나 쓰는 것은 바보짓이라 생각하는 것이다. 즉, 하이패스 단말기를 상업화하고 거기에 따른 금전적인 이득을 취득하려면 10만 원짜리 단말기에 상응하는 일반 운전자들이 피부로 느낄 수 있는 보상을 '새롭게' 주어야만 가능하다. 과연 이 책을 읽는 발명자의 발명은 그러한 '새로운 그 무언가'를 일반대중에게 주는 것일까?

샘플제작, 특허출원, 시장성 조사, 최우선 순위는?

발명의 상업화와 금전적 이득을 꿈꾸는 발명자는 대부분 발명 그 자체에만 혼신의 힘을 다한 후에 필자 같은 전문가들을 찾는다. 그런데 여기서 문제는 전문가를 찾을 때는 벌써 해당 발명의 상업화와 금전적 이득은 물 건너간 경우가 대부분이라는 것이다. 그 이유는 발명자가 본인의 발명에 빠져 있는 동안에 제3자가 그 발명과 유사하거나 더 나은 발명을 한 경우가 많기 때문이다. 또한 전 세계 모든 국가들은 특허법으로 특허출원을 할 수 있는 기간을 정해놓았기 때문에, 이 기간을 놓치면 본인 발명은 '법적으로' 아무나 다 사용하거나(공용) 다 알고 있는(공지) 발명, 즉 특허출원이 불가능한 발명이 된다. 이를 방지하기 위해서는 본 책에서 조언하는 과정을 조목조목 실행하거나 발명을 생각한 시점부터 전문가와 협업을 해야 한다.

발명을 생각한 발명자들은 일반적으로 샘플제작, 특허출원, 시장성 조사의 세 가지 업무 중에 어느 것을 최우선으로 해야 할지 딜레마에 빠진다. '시장성 조사를 하려면 샘플이 필요하고, 샘플을 만들자니 시간과 돈이 제일 많이 들고, 샘플을 만들어서 시장성 조사를 하면 특허출원을 원천봉쇄당할 것 같고'의 딜레마 말이다. 필자는 이런 질문을 하는 발명자에게 최소의 금전과 시간이 들어가는 것부터 하라고 조언한다.

예를 들어보자. 기존 하이브리드 자동차 엔진보다 연비가 2배나 좋은 새 엔진을 발명했다고 하자. 이 엔진의 샘플제작은 최소 3억 원과 6개월이, 특허출원은 200만 원과 6개월이, 시장성 조사는 500만 원과 2개월이 필요하다면 어떤 것을 가장 먼저 하는 것이 현명한 판단일까?

이런 상황에 대해서 필자가 조언하는 간단한 공식은 '본인 발명의 순가치를 측정하는 데 필요한 것보다 더 많은 시간과 금전을 투자하지는 말라'는 것이다. 대부분의 발명은 발명자가 통제할 수 없는 사유로 시장성이 없다. 만일 본인 발명의 시장성이 낮다면, 불필요한 샘플제작이나 특허출원을 할 필요가 없다. 하이브리드 엔진 같은 하이텍 기술들은 대부분 글로벌 기업들이 특허로 시장진입 벽을 쳐놓은 경우가 많다. 그래서 새 엔진을 발명하는 경우에 비록 시장성 조사보다 4개월이 더 소요되지만 특허출원을 제일 먼저 하는 것이 현명하다.

하지만 발명이 저가 가정용품 매장인 '다이소'에서 쉽게 찾을 수 있는 제품이거나, 작업실에서 쉽게 샘플을 제작할 수 있는 것이라면, 발명의 상업적 성공은 소비자들의 선호도와 포장에 따라 상당히 좌우될 것이다. 이런 경우에는 소매상 수준에서 테스트 마케팅이 필요하다.

일반적으로 테스트 마케팅은 샘플제작과 포장을 하는 데 수천만 원과 수개월이 소요된다. 그러므로 이럴 경우에는 특허출원의 가능성을 먼저 조사하는 것이 현명하다. 특허출원이 가능하다는 판단이 서면 특허출원을 먼저 해놓고선 샘플을 제작한 후에, 가장 경비와 시간이 많이 드는 테스트 마케팅을 직접 하거나 발명의 실시권을 원하는 제조사를 섭외해서 그들에게 테스트 마케팅을 하게 하는 방법을 모색하는 것이 좋다.

모바일게임을 발명해서 상업화를 원하는 경우에 최소한 티저 버전, 즉 샘플을 만들어서 모바일게임 홍보사나 플랫폼 운영사 또는 QA^Quality Assurance사를 찾아야 한다. 모바일게임 사용자들의 특성상 6개월 이상 롱런을 하는 게임이 극히 드문데, 일반적으로 특허출원에는 최소 6개월이 소요되기 때문에 관련 모바일게임이 더 이상 시장성이 없어진 시점에 특허가 나오기 쉽다. 즉, 모바일게임의 발명은 특허나 샘플제작보다 시장성 조사가 더 시급하고, 지식재산권을 보호하는 것이 더 유리할 만큼 시장성이 있다면 특허와 함께 저작권과 상표 등의 다른 지식재산권 보호전략을 세워야 한다.

관련 업계 조사가
발명 상업화의 첫 걸음

샘플제작이나 특허출원, 시장성 조사가 늘 돈과 시간이 많이 필요한 것은 아니다. 언급한 대로 발명에 따라서 고유의 전략을 세워야 한다. 하지만 발명을 상업화하고 금전적 이득을 얻는 데 공통적인 필요요소는 발명이 속한 업계를 조사하고 상업화에 필요한 요소들을 찾아내는 것이다. 이 부분에 대해서는 3장에서 좀 더 심도 있게 이야기를 하겠지만, 제일 중요한 것은 해당 업계의 제조에서 소매까지 유통과정을 따라 가면서 각 단계의 주요결정자들과 발명의 시장성에 대해서 인터뷰하는 것이다.

발명의 시장가치나 시장의 수요, 소비자의 성향을 일반 발명자가 자력으로 알아내기란 불가능한 일이지만, 관련 업계에 종사한 사람이면 이미 다 알고 있다. 우리는 크게는 IMF 사태에 금가락지를 빼서 헌납하고, 생면부지의 운전자가 후진하면서 힘들어 하면 부탁하지 않아도 "오라이! 오라이!"를 외쳐준다. 발명자가 본인의 자존심만 조금 접어두면, 관련 업계 종사자들에게서 '우는 아이에게 주는 떡 하나'를 쉽게 그것도 무료로 받을 수 있는 것이다.

　물론 국내 대기업이 중소기업의 발상을 무단으로 훔쳐가는 경우가 많아서 발명자들이 극도로 발명을 공개하기 꺼려하는 바를 모르는 것은 아니다. 하지만 발명을 상업화할 때는 상대방을 신뢰할 필요가 있다. 여기서 중요한 것은 발명을 필요한 사람에게만 공개하는 것인데, 비밀유지협약서^{NDA; Non Disclosure Agreement}는 아직 국내에서 실효성이 없기 때문에 협약서에만 의존할 수 없다. 본 책에서 그 방법에 대해 더 설명하겠다.

주요결정자들에게
물어라

관련 업계 조사에서 얻을 수 있는 수확은 발명의 시장성뿐만 아니다. 국회의 올바른 의정활동을 실효성과 공익성 있는 법률을 제정했는지가 아닌 상정된 입법제안의 몇 %를 통과시켰는지로 평가하는 대한민국 입법부는 듣도 보도 못한 벽장 법률들을 많이 만들어났다. 이런 벽장 법률들은 필자가 몸담고 있는 로펌의 전직 부장급 판검사 출신 변호사들조차 모르는 것들이다. 하지만 관련 업계에서 수십 년을 몸담은 주요결정자들은 본인 업계에 관련된 법률로 인해서 산전수전을 다 겪었기 때문에 이런 법률들을 속속들이 알고 있고 입법제안이 예상되는 부분까지 꿰뚫고 있는 경우가 많다. 특히나 발명 상업화를 추진하는 발명자의 특허기간 안에 입법될 전망이면 입법된 후에는 특허등록이 불가능할 수 있으므로 즉시 특허출원하는 것이 현명하다.

필자의 경험에 비춰보면 발명자들은 2가지 공통점이 있다. 하나는 본인의 발명 외에는 다른 업무를 도대체 알려고 하지 않는다는 것이고, 다른 하나는 굉장히 내성적이어서 본인이 궁금한 사항이 있어도 질문을 잘하지 않는다는 것이다. 하지만 본인 발명의 상업화를 원한다면 관련 분야에 오랜 기간을 근무한 전문가들의 평가를 받아봐야 한다. 이들은 관련 시장, 제조과정과 경비, 시장 위험성, 예상 판매량 등에 대해서 해박하고, 해당 발명의 시장가치를 말해줄 수 있는 사람들이다. 또한 동종업계에 있는 다른 전문가를 소개해줄 수도 있다. 이런 전문가들은 관련 업종에 수년간 근무하고 일정 분야의 결정 권한을 가지고 있다. 업체의 사주이거나 대표, 마케팅이나 영업, 제조나 구매 담당 임원, 고참 부장, 지점장 등이다. 이들은 본인 업계의 트렌드를 늘 예의주시하고 관련 국내외 전시회에 참가하고 참관하기 때문에 시장상황의 변화를 예견할 수 있는 경험과 능력이 있다.

맺고 끊음이
확실해야 한다

혁신적인 발명의 글로벌 리더인 미국도 특허·발명이 상업화되는 확률은 2% 미만이고, 그중에 금전적 이득을 창출하는 발명은 매우 적다. 또한 돈 버는 특허·발명은 대부분 대기업이 소유하고 있기에, 개인 발명자가 발명을 상업화하고 금전적 이득을 창출할 확률은 더 낮을 수밖에 없다.

하지만 너무 비관적일 필요는 없다. 실패는 성공의 어머니이고, 끊임없는 노력 없이는 혁신도 발명도 없다. 또한 본인은 발명자이지, 비즈니스맨이 아니라는 현실을 받아들여야 한다. 그래야 다음 발명에 또 도전할 수 있고, 그런 고생 끝에 낙이 오는 것이다.

발명의 상업화에서 가장 기본 덕목 중에 하나는 언제 도박판에서 일어나야 할지를 아는 사람이 최후의 승자라는 것이다. 즉, 본인 발명의 상업화가 불가능·불투명하다는 판단이 서면, 모든 상업화를 위한 행위를 중단하고 다른 단계나 업무로 넘어가는 지혜와 결단이 필요하다.

2장

특허, 출원해야 하나?
말아야 하나?

삼성전자와 애플의 특허 세계대전이 벌어지기 전까지 국내 발명
자는 특허에 대해서 완전 무지했고 무관심했다고 해도 과언이 아니
다. 하지만 현 정부의 키워드인 창조경제와 맞물려서 이제 모든 사
람들이 자칭 특허전문가가 되었고, 발명자들도 예외가 아니다. 그
래서 본인 발명을 매각하거나 라이선스를 받기 위해서는 특허출
원이 최우선이라고 생각한다. 또한 특허가 등록되면 본인 발명이
100% 보호받는다고 믿는다. 이러한 믿음과 선입견은 어느 정도까
지는 맞지만, 세상만사가 다 그러하듯이 특허의 실체와 그 필요성
은 이보다는 훨씬 복잡하다.

　1장에서 보았듯이 발명을 상업화할 때 특허출원이 반드시 선행되

어야만 하는 것은 아니다. 발명자들이 본인 발명을 궁극적으로 상업화하고 싶은 외국보다는 국내 특허출원의 비용이나 시간이 적게 들지만 그래도 상당한 비용과 시간이 필요하다. 또한 시장과 관련 업계를 조사한 결과 해당 발명의 시장성이 전혀 없어서 특허출원이 필요없는 경우도 많다.

특허출원을 결정하는 것은 발명자의 예산과 전체적인 발명의 상업화 전략에 달려 있다. 하지만 본인 발명을 라이선스할 확실한 실시권자가 나타나면 불법도용 등 불상사를 막기 위해서 특허출원을 하는 것이 좋다. 또한 전 세계에서 유일하게 선발명주의를 수백 년 동안 고집하던 미국마저 (다른 나라에 비해서 정통적이지는 않지만) 선발명자 출원주의를 선택했다. 따라서 본인 발명의 시장성에 확신이 있다면 타인이 먼저 특허출원을 하는 비극을 방지하기 위해서라도 특허출원을 먼저 하는 것이 좋다.

특허출원은 기술적 부분과 관련 특허법 부분을 정확하게 이해해야 하는 전문분야다. 그래서 변리사들이 전담하는 것이 당연하다. 하지만 변리사가 모든 것을, 특히 해당 발명의 주요 권리 보호와 향후 발생할 수 있는 권리 확장의 필요성을 다 이해하지 못할 수도 있다. 따라서 발명자가 특허출원의 모든 과정에 참여하는 것이 중요하다. 본 책은 발명의 상업화에 그 초점이 맞추어져 있기 때문에 발명자가 알아야 할 최소한의 특허출원 관련 정보만을 이야기하겠다.

특허가
도대체 뭐지?

특허는 특허를 허가한 국가가 발명자에게 허가한 무형의 사유재산권이다. 건물 등의 부동산이나 현금과 컴퓨터 같은 동산처럼 재산권자가 해당 재산을 향유하는 것과는 다르다. 특허는 특허를 허가한 국가의 영토 안에서 특허권자의 허락 없이 특허·발명을 '제조, 사용, 판매, 판매청약'할 수 없게 하는 배타적인 권리다.

　또한 제조과정이나 방법만 특허를 받을 경우에도 해당 최종제품을 외국에서 제조 '수입'을 할 수 없게 할 수 있다. 만약 이러한 특허를 부당실시(특허권자의 실시허가를 받지 않은 특허·발명의 제조, 사용, 판매, 판매청약, 수입의 통칭)한 경우, 특허권자는 침해자에게 손해배상과 '부당실시 금지' 명령을 행사할 수 있다.

특허출원에 필요한
요건 3가지

특허를 출원하기 위해서는 특허청에서 요구하는 정보를 기입한 출원서(신청서)와 도면, 출원자가 발견한 출원시점 이전에 이미 해당 발명이 존재·공지·공용한 모든 증거들(선행기술), 그리고 신청비를 내야 한다. 일반 발명자가 알아야 할 특허출원의 요건은 ① 출원하려는 발명이 특허법으로 정해놓은 특허출원 가능한 발명이어야 하고, ② 신규성과 ③ 진보성이 있는 발명이어야 한다는 것이다. 또한 ④ 특허명세서에 특허·발명 공개 조건이 있지만, 이는 출원대행을 하는 변리사의 몫이다. 특허출원을 할 때 앞에 3가지 조건을 요구하는 이유가 있다. 특허는 특허권자에게 20년 동안 독점권을 부여하는 대신에, 일반대중에게 새롭고 유용한 발명이어야 한다는 기본 법리 때문이다.

특허출원 가능한 발명이란?

자연발생적으로 나타난 것이나 수학·과학 공식, 추상적인 개념, 인간 등은 이미 자연적으로 존재해 있기 때문에 발명자가 발명했다고 할 수 없고 그 결과 특허출원 대상이 아니다. 또한 작동하지 않거나 영구적으로 작동하는 발명은, 유용성이 없거나 영구적으로 작동한다는 증명을 할 수 없어서 특허출원 대상에서 제외된다. 테러리스트에게나 유용한 금속탐지기에 검색되지 않는 무기나 원자폭탄도 일반대중에게는 유용하지 않기 때문에 특허로 등록할 수 없다.

신규성이란?

해당 발명을 제3자가 이미 알고 있거나(공지) 사용하였거나(공용) 국내외를 불문하고 이미 특허출원을 했거나 (온·오프라인 무관하게) 인쇄된 간행물에 서술되어 있으면, 신규성 결여로 특허출원이 불가하다. 또한 출원 이전에 판매하거나 청약을 하는 것도 신규성 결여의 사유가 된다. 이는 홈페이지에 해당 발명의 정보를 업로드하는 것은 물론, 회신이 없는 스팸메일을 통한 판매청약도 포함한다.

공지(共知)는 일반인이 추가 조사나 실험 등의 '특별한 노력 없이 해당 발명의 정보에 접근할 수 있으면' 일반대중이 공지하고 있는 것으로 간주한다. 공용(共用)은 실제적으로 제3자가 사용한 경우는 당연히 신규성 결여 사유가 되고, 발명자가 일반대중 앞에서 사용하는 경우도 포함한다. 하지만 관련 발명의 성격상 외부에 사용해봐야만 하는 (예를 들어 새로운 도로포장 재료) 실험적 사용은 해당되지 않는다. 실험적 사용인지 판단하는 요소로 ① 실험적 사용에 대한 발명자의 관리감독과 관련 기록, ② 외부 공개실험이 필요한 발명, ③ 발명자와 사용자의 비밀유지협약, ④ 사용된 샘플의 수량과 공개 테스팅 기간의 합리성이 있다.

전자책과 인터넷이 대세인 지금 '인쇄된 간행물'은 반드시 인쇄 또는 간행은 요구하지 않는다. 판매와 청약은 홈페이지에 제품을 소개하거나, 전시회 참가, 발명자의 허가 없이 제3자에게 판매(청약)하는 것도 신규성 결여의 사유가 된다. 또한 발명의 양도는 금전적 거래와 무관하게 신규성 결여의 사유가 되지만, 발명을 공개하지 않고 향후 등록될 특허만 양도하는 것은 결여 사유가 아니다.

진보성이란?

특허출원의 최후 관문인 진보성은 기존에 있던 선행기술들을 짜깁기 해서 관련 발명이 나올 수 있다고 통상의 기술자(당업자)가 추론

한다면, 특허를 허가해줄 수 없다는 것이다. 즉, 신규성은 특허·발명과 선행기술의 1대1 비교이지만, 진보성은 1대 다수의 구도로, 진보성을 검토하는 데 사용할 수 있는 선행기술들은 거의 무한대다.

스마트폰은 기본적으로 디지털카메라 기능이 장착된 휴대전화와 노트북 컴퓨터를 합친 것에 지나지 않는다. 하지만 스마트폰의 진보성은 무겁고 크기가 큰 노트북 컴퓨터의 모든 기능을 손에 들고 다닐 수 있는 기기에 장착한 데 있다. 즉, 휴대전화와 컴퓨터 업계에 있는 통상적인 기술자들은 생각하지 못했던 발상으로 비약적인 발전을 했기 때문에 특허의 진보성 조건을 만족시킬 수 있었다.

예를 들어 진보성 판단해보기

언급한 대로 진보성은 다수의 선행기술들을 짜깁기한 것인지 아닌지가 중요한 판단요소인데, 모든 선행기술을 진보성을 판단하는 데 사용할 수는 없다. 진보성을 판단하는 데 사용될 선행기술은 그들이 해결하고자 하는 문제의 범위와 내용이 같아야 한다.

예를 들어보자. 삼성이 애플 아이폰에 특허 진보성이 없다는 것을 증명하기 위해서 블랙베리폰, PDA, 아이나비 내비게이션, 소니 디지털카메라, LG전자의 초 슬림 노트북 컴퓨터를 제출하고, 이것들을 합치면 아이폰을 만들 수 있다는 글로벌 휴대전화 제조업체인 노키아의 전 CTO의 의견을 제출했다고 하자. 여기까지는 삼성의 주장이 맞을 수 있다. 하지만 애플이 청구한 아이폰 특허의 내용이 휴대전화, PDA, 내비게이션, 디지털카메라, 컴퓨터의 모든 기능을 손에 들고 다닐 수 있는 단일한 기기에 탑재하여 사용자가 간편하게 사용할 수 있는 OS라고 하면 이야기는 달라진다. 왜냐하면 삼성이 열거한 전자기기들의 기능과 애플이 청구한 OS는 전혀 다른 범위의 기능을 사용하기 때문이다.

예를 바꿔서 블랙베리폰은 이메일 이외의 컴퓨터 기능은 장착할 수 없다고, PDA는 필기도구인 사이러스sirus 없이는 사용할 수 없다고, 아이나비는 내비게이션 기기로만 사용할 수 있다고, 소니의 디지털카메라는 전통적인 카메라 프레임에서만 사용할 수 있다고, LG전자의 노트북이 휴대전화에 들어가는 것은 낙타가 바늘구멍에 들어가기보다 어렵다는 내용이 어디엔가 있다면, 이런 선행기술들은 애플 아이폰에 진보성이 없다는 증거로 사용할 수 없다. 왜냐하면 선행기술들이 이미 안 된다고 공표한 것을 특허 파괴자가 된다고 주장하게끔 허락하면 이 세상에 존재할 수 있는 특허는 없기 때문이다.

다시 예를 바꿔서 삼성이 아이폰에 진보성이 없다는 것을 증명했다고 하자. 그러면 애플은 객관적 또는 2차적 증거로 진보성이 있다는 것을 증명할 수 있다. ① 상업적 성공, ② 시장에서는 오랫동안 필요했지만 해결되지 않은 문제의 해결, ③ 다른 이들의 실패한 시도, ④ 새로운 문제점의 발견, ⑤ 경쟁자의 발 빠른 베끼기, ⑥ 관련 업계들의 해당 특허의 라이선스 계약, ⑦ 예기치 않은 좋은 결과 등은 해당 특허·발명이 혁신적(진보적)이지 않았다면 불가능하고, 이는 특허·발명의 진보성을 증명하는 데 객관적이자 2차적인 증거가 될 수 있다.

즉, 아이폰은 ① 출시 5년 만에 6,100만 대가 팔리는 상업적 성공을 거두었다. ② 휴대전화, PDA, 내비게이션, 디지털카메라, 노트북을 모두 휴대해야 하는 불편함을 해결했다. ③ 글로벌 휴대전화 제조사인 노키아, 에릭슨, 모토로라가 시도는 했으나 성공하지 못한, 전자기기 기능을 단품의 스마트폰에 성공적으로 장착해 운영시켰다. ④ 글로벌 휴대전화 제조 3사의 실패 사유는 그릇된 모바일 OS인데 iOS는 이를 해결했다. ⑤ 삼성의 갤럭시 S는 기능이나 디자인 면에서 아이폰을 그대로 베꼈다. ⑥ MS 윈도폰, 블랙베리폰은 (설명을 위한 가상이지만) 애플과 아이폰 특허 라이선스 계약을 맺었다. ⑦ 감성적인 아이폰의 디자인과 앱 덕분에 (이것도 설명을 위한 가상이지만) 아이폰 사용자들의 폭력적인 언행이 현저히 줄었다. 이 내용은 아이폰 특허는 혁신적이자 진보적인 발명임을 객관적으로 2차적 증거로 증명하는 것이다. 위의 객관적이자 2차적인 증거가 모두 필요한 것은 아니고, 아이폰의 글로벌 성공만으로도 아이폰의 진보성을 증명할 수 있다면 이것만으로도 충분하다.

특허출원 과정
훑어보기

〈도표 1〉은 일반적인 특허출원 과정의 흐름표다. 흐름표 자체가 너무 간단명료해서 부연설명이 필요 없지만, 일단 특허출원을 하기

〈도표 1〉 **특허출원 과정 개요**

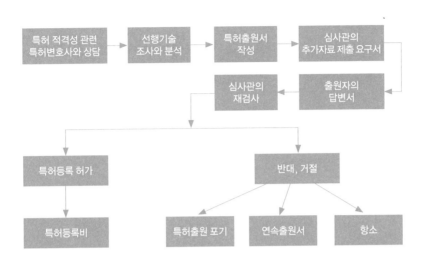

위해서 가장 먼저 해야 할 일은 특허출원 전문가와 본인 발명을 특허출원할 수 있는지 가능성을 알아보는 것이다.

전문가는 앞서 이야기한 특허를 출원할 수 있는 발명인지와 신규성과 진보성에 대한 질문들을 하는데 특히 신규성과 관련한 질문에 집중한다. 그 이유는 절대 다수의 발명자들은 본인 발명의 상품성을 조사하거나 샘플제작보다는 발명의 매매나 라이선싱을 가장 먼저 고려해 신규성 요건인 선 판매·청약 금지조항에 저촉되는 언행을 하거나 공지나 공용이 될 정도로 본인 발명을 홍보하고 다니기 때문이다.

필자는 산에서 캐온 약초의 효능, 즉 특허출원을 할 수 없는 자연 발생적인 현상이나, 습기가 차기 쉬운 운동화에 공기가 통할 공간을 빨대를 사용하여 만들겠다는 진보성이 결여된 아이디어로 특허 출원을 하겠다 등의 특허법 면에서 보면 다소 황당무계한 것을 특허로 등록하겠다는 의뢰인들을 돌려보낸 경험이 꽤 있다.

전문가와 특허출원의 가능성을 알아본 후에 발명자가 출원 과정에서 주도적으로 참여할 일은 별로 없다. 한편 특허청구항은 특허 권리의 범위를 정하는 것인데, 특허의 처음이자 끝이라고 할 만큼 가장 중요한 부분이다.

아무리 유능한 특허출원 전문가라도 해당 발명, 관련 업계의 현황과 미래를 발명자보다는 잘 알지 못한다. 또한 국내 특허업계의 현실상 박리다매 식으로 서비스를 해야 하는 국내 특허출원 전문가들이 발명자의 발명을 꼼꼼히 챙겨줄 것이라는 생각은 오산이다. 그러므로 발명자는 본인 특허의 출원 과정에 실질적으로 관여를 하는 것이 중요하다.

내 변리사 찾아
삼 만리

필자에게 특허출원 전문가를 소개해 달라고 문의하는 사람들에게 늘 필자의 외조부 이야기를 한다. 필자의 외조부는 대한민국 의사 면허 2번인 의사였다. 그만큼 의사가 드물었던 시기였기에 외조부는 관련된 지식을 업데이트할 필요가 없었고, 그 결과 더 이상 존재하지 않는 제약회사의 약이나 생산하지 않는 약을 처방한 적이 있다고 한다.

이 이야기를 하는 이유는 특허의 중요성이 전 세계적으로 부각되고 있고 각국의 정부는 자국산업을 보호하기 위해서 특허제도를 수시로 바꾸고 있는데, 이러한 변화를 예의주시하고 고객업무에 적용하는 전문가를 고용하라는 말을 하기 위해서다.

또한 경험과 신뢰성을 갖춘 전문가를 지인에게 소개받는 우리의 풍습은 특허출원 전문가를 선택하는 데 부족하다. 왜냐하면 지난 사반세기 동안 인류의 기술발전속도는 역사상 가장 빨랐고, 본인이 만든 발명을 특허전문가가 이해하지 못하는 경우도 많다. 그 결과 발명자가 보호하려고 한 발명이나 향후 발생할 수 있는 파생기술들을 특허전문가가 예견할 수 없어서 등록된 특허를 온전히 보호하지 못할 수도 있기 때문이다.

과정에 따라
다른 변리사를 찾아라

앞에서도 볼 수 있듯이 특허출원은 ① 선행기술의 조사·분석, ② 실제 특허출원서 작성과 출원진행, 이렇게 크게 2단계로 이루어져 있다. 필자의 경험으로 비춰볼 때 아직 선행기술의 조사·분석을 하는 업계가 발달하지 않은 국내에서 위의 두 과정에 각기 다른 변리사를 선임하는 것이 좋다.

특허출원의 가장 큰 걸림돌인 선행기술은 이미 등록된 특허들이다. 선행기술에 관련된 DB는 인터넷으로 조사할 수 있다. 하지만 인터넷 DB에는 관련 특허출원 심사경과 기록은 포함되어 있지 않다. 특허출원 심사경과 기록이란 특허를 출원하면서 심사관과 출원인이 소통한 모든 자료를 이야기한다. 이 자료는 특허증서에 열거된 선행기술들과는 비교할 수 없을 만큼 방대한 내용을 포함하고, 이를 토대로 다른 선행기술들을 조사·분석할 수가 있다.

특허출원에 중요한 특허출원 심사경과 오프라인 기록들은 대전에 있는 특허청이 모두 보관하고 있다. 그러므로 선행기술의 조사·분석은 특허청 청사 주위에 위치한 변리사가 더 효율적이고 확실하게 할 수 있다고 필자는 생각한다.

그리고 실제 특허출원의 진행은 쉽게 만날 수 있는 주변 변리사중에 해당 발명에 관련한 학위나 지식이 있고, 유사한 발명을 특허출원한 경험이 많은 전문가를 선택하는 것이 좋다. 저작권, 상표, 영업비밀 등과는 달리 특허, 특히 기술특허는 출원업무를 할 변리사의 관련 기술에 대한 지식과 경험이 출원의 성패와 향후 특허의 질을 결정한다. 관련 학위가 있다는 것이 관련 지식이 많다는 것을 뜻하는 것은 아니지만, 그래도 관련 기본지식의 유무에 따라서 이해도에 차이가 나는 것은 사실이다.

한 분야를 전문으로 하는
변리사를 찾아라

필자는 한 변호사가 민사, 형사, 가사, 조세, 행정, 부정경쟁, 노무, 기업 인수합병, 국제통상에 지식재산권 법무업무까지 다 할 수 있다고 하면, 거의 모든 음식이 다 있지만 뭐 하나 제대로 맛나는 음식이 없는 '김밥천국'이 생각난다. 같은 맥락에서 특허출원을 할 변리사가 특허, 상표, 저작권, 영업비밀의 4대 지식재산권을 모두 전문이라고 하면 다시 생각해보는 것이 현명하다. 또한 21세기를 주도할 4대 신기술인 IT, BT, NT, ET를 속속들이 이해하는 전문가는 없듯이, 모든 기술영역이 모두 본인의 전문분야라는 변리사도 다시 한 번 생각해보기를 바란다.

본인의 특허출원을 특허법인에 위임했다면, 법인의 어느 변리사가 특허출원 업무를 담당하는지, 담당 변리사의 경험과 전문분야를 체크하는 것이 바람직하다. PCT 출원이나 외국 출원을 동시다발적으로 진행하는 것은 상당한 경비와 시간은 물론 정확한 번역까지 필요하다. 그러므로 특허출원에 관련해서 해당 언어를 잘 번역해줄 수 있는 우수한 번역자를 고용하는지도 체크해야 한다. 대부분의 법무·특허법인에서는 외국 업무를 할 때 해당 국가의 법무·특허법인과 협업한다. 이러한 경우에 외국 법무·특허법인의 경험과 지식, 출원결과와 평판에 대해서 조사하는 것도 발명자 자신을 위해서 좋은 일이다.

3장
발명의 상업화는
시장과 업계 조사부터

아마도 발명자 본인은 본인의 발명품에 어떤 기능이 있고, 특정 업계에서 어떤 방식으로 응용될지를 정확하게 알고 있을 것이다. 또한 본인 발명품이 어떤 기업에 필요하고, 그 기업의 어떤 담당자와 만나야 하는지, 어떤 식으로 발명을 상업화하기 위한 협상을 해야 하는지도 알 것이다. 발명자는 본인 발명의 국내시장과 외국시장에 대해서 정확하게 이해하고 있고, 어떤 유통체인을 통해서 본인 발명품이 최종 소비자에게 전달될지를 훤히 꿰뚫고 있을 것이다. 경쟁제품에 대해서도 훤하고, 본인 발명품의 포장과 홍보, 그리고 어느 상점의 어느 진열대, 어느 위치에 놓아야 판매가 극대화될지도 전부 다 알고 있을 것이다. 발명자는 본인 발명품의 제조 비용, 소매가격, 본인이 원하는 발명 로열티 액수도 이미 다 파악해놓았을 것이다.

일반적으로 위의 내용들이 이해할 수 없는 외국어로밖에 들리지 않는 발명자가 대부분이다. 발명의 상업화와 성공은 결국 해당 발명을 시장이 원해야 이룰 수 있다. 본인의 발명이 과연 시장에서 원하는 발명인지를 조사하기 위해서는 시장과 업계 조사부터 시작해야 한다.

김발명 청소기 상업화하기 (1)

김발명은 수분을 분무해 중국 발 미세먼지를 제거할 수 있고, 청소도 동시에 할 수 있는 청소기를 발명했다. 그리고 자신의 발명을 상업화하려 한다. 김발명을 따라 발명·특허 상업화의 길을 쫓아가보도록 하자.

김발명은 청소기 샘플제작과 특허출원, 시장성 조사 중에 어느 것을 최우선으로 해야 하는지를 모르겠어 변리사에게 조언을 구해보기로 했다. 김발명의 의뢰를 받은 이 변리사는 변리사 입장에서는 특허출원이 가장 우선이지만 김발명에게는 시장성 조사가 최우선이 아니겠느냐는 조언을 했다. 김발명은 그렇다면 청소기의 시장성을 조사할 수 있느냐고 이 변리사에게 다시 물었다.

시장성 조사의 시작은
유통체인 이해부터

모든 제품의 시장성 조사는 관련 유통체인을 이해하는 것에서부터 시작된다. 특허출원을 고려하는 발명에 관련된 유통체인을 이해해야 하는 이유는 ① 발명품의 시장성을 파악하기 위해 관련 시장과 업계의 정보를 최대한 수집할 수 있고, ② 발명품의 잠정 실시권자 licensee를 파악할 수 있기 때문이다. 유통체인을 이해하기 위한 기본적인 질문은 ① 해당 제품의 구매자가 누구이며, ② 구매자는 해당 제품을 어디서 구입하는지다.

유통체인 조사는 최종소비자에게 직접 전달되는 소매단계에서부터 시작해서 원자재까지 역순으로 해야 한다. 지난 수년간 이베이, 알리바바, G마켓 같은 전자상거래 시장이 발달했고 최종소비자들이 외국 제조·판매사에서 제품을 직접구매하기도 한다. 하지만 아직도 전통적인 '제조사 → 유통사 → 도매상 → 유통사 → 소매상 → 최종소비자'순으로 이어지는 유통체인이 절대 대다수다. 유통체인은 업종과 업계에 따라서 그야말로 천차만별이고, 그 단계도 '제조사 → 직접구매'의 2단계부터 앞서 언급한 전통적인 5단계까지 있을 수 있다.

　김발명의 청소기는 가정용 전자제품이므로 구매자는 가정주부가 절대 다수이고, 구입할 수 있는 곳은 하이마트나 전자랜드 같은 전문매장, 홈플러스 등의 할인매장, 백화점, 홈쇼핑, 인터넷 쇼핑몰,

아울렛몰 등이다. 하지만 유통체인은 소매업체에서 끝나는 것이 아니다. 소매업체에 납품을 하는 도매업체나 유통업체, 더 나아가서 관련 제조업체와 수입업체가 그 생태계를 이룬다. 또한 전시회, 관련 협회 등도 유통체인의 큰 부분을 차지하고 있다.

발명의 시장과 관련 업계 조사착수에 앞서 본인의 발명이 어떤 마켓포지셔닝market positioning을 할지도 결정해야 한다. 마켓포지셔닝을 정한다는 것은 고가소량의 전략으로 부유층을 겨냥할 것인지, 아니면 박리다매로 중산층을 포함한 모든 시장을 겨냥할 것인지를 결정한다는 이야기다. 김발명 청소기가 부유층을 겨냥한 고가제품이라면 시장조사에서 처음 찾아갈 곳은 백화점이 될 것이고, 중산층을 포함한 모든 시장을 겨냥한다면 하이마트나 전자랜드가 될 것이다.

중요한 주요결정자와의
인터뷰

유통체인의 주요업체들이 파악되면 그 후에 해야 할 업무는 해당 업체들의 물품구매에 영향을 미치는 '주요결정자'와의 인터뷰다. 주요결정자 인터뷰가 중요한 이유는, 이들이 관련 시장, 제조과정과 비용, 시장의 위험, 판매 가능성에 대한 중요한 정보를 가지고 있기 때문이다.

가정주부들이 김발명 청소기와 같은 가전제품을 주로 구매하는 곳이 전자랜드라고 하면, 전자랜드에 오래 근무한 영업사원이나 점장들은 어떤 전자제품 회사의 어떤 청소기가 어떤 이유로 잘 팔리거나 팔리지 않는지 가장 잘 알고 있다. 그런 정보는 전자랜드가 김발명 청소기를 구매하는 데 가장 중요한 자료가 된다. 이들은 김발명 청소기처럼 물과 전기를 함께 사용하는 제품의 위험성과, 관련 법률을 가장 잘 알고 있다. 또한 김발명 청소기의 가격, 즉 김발명 청소기의 '시장가치'를 가장 현실적으로 판단할 수 있다. 더불어서 김발명에게 유사한 경쟁제품 동향 등 관련 정보를 가장 빨리 그리고 많이 알려줄 수 있다. 또 이런 제품을 찾는 도매업체, 유통업체, 제조업체의 주요결정자를 소개해줄 수도 있다.

주요결정자 외에도 본인 발명의 시장과 업계조사에 도움이 될 수 있는 전문가들로는 저널리스트, 엔지니어, 컨설턴트, 관련 공무원, 교수, 작가 등 수년간 해당 시장과 업계를 관찰·조사·분석해온 사람들이 있다. 이런 사람들은 인터넷에서 해당 발명과 관련된 키워드로 쉽게 찾을 수 있다.

판매원은 일반적으로 관련 업계 고객을 담당하는 외부 판매원과 전화나 인터넷으로 고객을 관리하는 내부 판매원으로 구성된다. 유통체인의 단계마다 판매원이 어떻게 구성되어 있는지 파악하는 것도 발명의 상업화에서 중요하다. 특히 본인 발명을 상업화할 때 판매원 조직의 부가적인 노력이 있어야 한다면, 더더욱 판매원의 구성을 파악하고 그에 따른 질문이 중요하다.

시장·업계 조사
실전편

김발명 청소기의 시장과 관련 업계를 조사하기 위해서 이 변리사의 직원이 전자랜드를 찾았다. 직원은 전자랜드의 주요결정자와 면담을 하기 전에 매장을 먼저 둘러보았다. 특히 청소기 구역과 다른 전자제품 구역의 면적을 비교해보았다. 구역의 면적이 클수록 그만큼 수요가 많다는 의미다.

직원은 김발명 청소기와 유사한 청소기가 있는지를 살펴보고, 유사한 제품의 가격, 이를 제조·판매하는 회사와 연락처를 기록했다. 제품의 시장성을 판단할 때 가격경쟁력은 매우 중요한 요소 중 하나다. 유사제품을 제조·판매하는 회사는 잠정 경쟁자가 될 수도 있지만 장점 실시권자가 될 수도 있다.

이후 김발명 청소기를 제조하는 데 사용할 재료를 보유한 부품업체와 제조과정이 유사한 제조업체의 리스트도 작성했다. 부품업체는 잘 알려지지 않은 제품과 완제품을 만드는 제조업체들의 정보도 많이 가지고 있다. 또한 제조과정이 유사한 제조업체는 상대적으로 적은 생산비용으로 김발명 청소기를 제작할 수 있기 때문에 이 또한 잠정 실시권자 대상이 된다.

청소기 구역에서 상당한 면적을 차지한 업체와 한두 개의 제품만 진열한 업체들의 리스트도 작성했다. 전자는 청소기 제조판매에 주력하는 업체이기 때문에 향후 김발명의 청소기 특허를 매입하고 싶어 할 수 있는 업체이고, 후자는 회사의 규모에 따라서 실시권자나 조인트벤처 파트너를 더 선호할 수 있는 업체다.

다음으로 진열된 청소기에 설명된 기능과 혜택을 조사했다. 유사 청소기의 기능과 혜택은 김발명 청소기의 시장성은 물론, 발명의 진보성을 증명하는 데도 상당히 중요한 자료가 된다.

이후 청소기 구역이 아닌 다른 구역에서 혹시 청소기가 부가적인 홍보품으로 제공되는지를 확인했다. 부가적인 홍보품은 해당 제품의 시장성이 열악해서 재고처리용으로 놓은 것일 수도 있고, 해당 제조사가 해당 제품의 수요를 창출하기 위해 만든 낚시^{pull through sales}상품일 수도 있다. 만약 첫 번째 사유로 청소기가 세탁기의 부가적인 홍보품으로 제공되고 있고, 그 청소기가 김발명 청소기와 기능과 혜택 면에서 유사하다면, 더 이상 김발명 청소기의 시장성 조사는 무의미하다. 하지만 두 번째 사유라면 새로운 관련 시장이 열릴 것이라는 신호다. 해당 청소기가 성공한다면 많은 경쟁 제품이 출시될 것이라고 예상할 수 있다. 따라서 김발명 청소기의 특허를 보호하기 위한 강도와 범위를 강화할 필요가 있다.

낚시질 홍보를 주목해보자

수요창출을 위한 낚시질 홍보는 발명의 상업화에서 시장성과 실시권 계약 가능성을 높이는 중요한 요소다. 최종소비자에게 구매의욕을 일으켜서 수요를 창출하는 낚시질 홍보는 (온·오프라인, 인터넷과 모바일, 나레이터 활용 등의) 광고, 언론 보도자료, 이벤트, 콘테스트,

특정행사의 스폰서, 판매량에 따른 인센티브 지급 등 여러 방법이 있다. 홍보 대상은 최종소비자가 될 수도 있고, 기업의 구매담당 임직원이 될 수도 있다.

대부분의 업체들은 수십, 수백 개의 제품들을 출시하고 있다. 따라서 모든 제품에 동일하게 홍보예산을 집행하지 않는다. 그러므로 주요결정자와의 인터뷰에서 본인 발명과 유사한 상품이 낚시질 홍보가 필요한지 어떤 기업들이 이러한 홍보를 가장 효율적으로 하는지를 조사하는 것도 중요하다. 또한 신문, 방송, 인터넷, SNS, 모바일 등 수많은 홍보매체 중에서 어떤 매체가 본인 발명을 홍보하고 싶은 대상에게 가장 효율적으로 전달될 수 있는지를 알고 있어야 한다. 그것을 알고 있는 사람들 중 하나가 주요결정자다.

주요결정자와의 인터뷰
실전편

이제 이 변리사의 직원은 전자랜드의 점장을 만나서 김발명 청소기와 관련해 인터뷰를 한다. 대부분의 발명자는 발명을 공개하기를 피해망상적으로 꺼려하고 비밀유지협약서라도 있어야 한다고 믿는다. 하지만 현재 단계에서 전자랜드 점장에게 비밀유지협약서부터 내밀면 점장은 알려주려던 정보도 숨길 우려가 있다. 현재 단계는 김발명 청소기의 시장과 업계 조사이기 때문에 '미세먼지 제거와 청소를 동시에 하는 새로운 청소기' 정도로만 설명하면 된다. 점장에게 질문할 내용을 일일이 열거하기는 불가능하지만 몇 가지만 나열하면 아래와 같다.

- 기존 청소기의 판매 현황과 각 청소기가 잘 팔리는 또는 안 팔리는 이유
- 김발명 청소기처럼 미세먼지 제거와 청소를 동시에 하는 청소기에 대한 정보를 접한 경험과 이런 청소기를 판매하는 업체의 정보
- 청소기 시장의 트렌드와 관련 시장의 강자, 또는 AS와 영업 서포트를 잘하는 업체의 정보
- 전자랜드에 청소기를 판매한 업체의 이름과 연락처(관련 시장과 업계를 조사하기 위해 인터뷰할 다음 대상이기 때문에 이 정보는 대단히 중요하다)
- 청소기 소매상의 마진율
- 유사 청소기의 소매가격, 크기, 재질, 특수 기능, 포장 등 기타 요소들이 소비자의 구매결정에 미치는 영향
- 전자랜드의 연간 청소기 재매입 횟수와 양
- 청소기 제품들의 일반적인 문제점
- 청소기 제품 제조·유통·판매업체 협회와 전시회 정보
- 김발명 청소기의 장단점, 예상 판매량과 그 이유
- 김발명 청소기를 제조·판매할 것 같은 제조업체

앞에서 말한 매장 점검과 주요결정자 인터뷰는 다른 업체들의 매장 점검과 인터뷰 내용과 대동소이하다. 단지 인터뷰를 할 주요결정자가 바뀔 뿐이다. 도매업체나 유통업체의 경우에 사주 또는 구매 담당 임직원이, 제조업체나 수입업체의 경우에 사주, 사장, 마케팅 담당 임원, 새 제품 개발 담당 임직원이 된다. 또한 제조업체는 소비자들이 인지하고 있는 제품의 가치, 시장의 요구, 소비자의 성향 등을 가장 잘 파악하고 있기에 이에 대한 심도 있는 질문들을 준비해야 한다. 이 단계에서는 추가적으로 할 질문들은 아래와 같다.

- 도매·유통업체에서는, 거래했던 제조업체나 수입업체와 관련 제품, 김발명 청소기를 제조·판매할 수 있는 제조업체
- 제조업체에서는, 자사의 가장 강한 (지역, 유통단계 등의) 시장, 마켓포지션
- 수입업체에서는, 외국의 청소기 시장 상황과 관련 시장의 주요 업체, 김발명 청소기가 필요한 국가

산업발명의
시장·업계 조사

화학과정이나 원자재를 사용하는 새로운 방식 등 산업발명 시장·업계 조사는 일반 소비자를 대상으로 하는 발명의 시장·업계 조사

와는 조금 다르다. 왜냐하면 산업발명은 별도의 시장·업계에 적용해야 하기 때문이다. 이로 인해서 잠정 실시권자를 발굴하는 과정이 상당히 복잡해질 수 있다.

산업발명의 시장·업계의 조사도 유통체인부터 해야 하는데, 별도 시장의 주요결정자들을 만나야 하고, 비록 발명이 하나일지라도 여러 시장·업계에 적용할 수 있다면 각각의 시장·업계 프로젝트를 별도로 추진해야 한다.

산업발명에서 유통체인은 산업발명을 자사 제품에 바로 적용하는 제조사만 있을 수도 있고, 그러한 제품을 제3의 제조사에게 판매하는 제조사일 수도 있다. 산업발명의 유통체인을 조사하다 보면 별다른 홍보나 자사의 존재감을 나타낼 필요가 없는 제조사들만 나오기 쉽다. 그래서 주요결정자를 찾기가 그리 만만치 않다. 이러한 경우에는 전시회나 협회에서 정보를 찾을 수 있다.

산업발명에서
주요결정권자 인터뷰

앞에서 열거한 주요결정자와 인터뷰에서 할 질문들은 산업발명에서 시장이나 관련 업계를 조사할 때도 활용할 수 있다. 하지만 발명의 특성상 아래와 같은 좀 더 심도 깊은 질문을 해야 한다.

- 산업발명을 적용하기 위해서 식약처, 환경청, 산업안전보건공단 등의 관련 기관의 테스트 또는 허가가 필요한지
- 산업발명의 기술적 변화를 엔지니어나 기타 제조담당자들이 어떻게 받아들이는지
- 산업발명을 구매할지, 그리고 추천자와 결정자의 신원
- 산업발명이 해당 조사업체의 경영에 긍정적·부정적인 영향을 주는지
- 산업발명이 해당 조사업체의 수익에 영향을 주는지

위의 질문들 중에 마지막 2개는 발명의 실시권료·판매수익 외의 수익원을 창출할 수 있다. 예를 들어서 본인의 산업발명이 제조과정 속도를 2% 증가시키거나, 연간 수천억 원 규모의 관련 시장에서 시장점유율을 10% 상승시킨다면, 이러한 산업발명은 제조사에게는 굉장히 중요하다. 발명의 실시권 제안을 받은 제조사들은 기꺼이 더 많은 실시권료를 지불할 것이다.

또한 본인의 산업발명이 그동안 수많은 관련 업체와 발명들이 해결하지 못한 문제점을 해결했거나, 이전에는 존재한다는 것조차 자각 못했던 문제를 발견한 것이라면, 실시권료를 협상하는 데 유리하다. 또한 기업의 경비절감, 연구개발^{R&D: Research and Development} 축소, 다운사이징 등이 늘 있는 경제상황에서 관련 세무와 복지 비용을 지불하지 않아도 되는 '외부 컨설턴트의 수임료'는 상당히 매력적이기 때문에 발명자는 별도의 수입원을 창출할 수 있다.

잊지 마세요,
협회와 전시회 조사

가장 쉽게 해당 발명의 시장과 관련 업계를 조사하는 방법은 관련 협회나 전시회를 방문하는 것이다. 하지만 이 경우에 새 제품에 늘 목말라 있는 업체들과 인터뷰를 해야 하기 때문에 좀 더 구체적으로 발명을 공개해달라고 요구할 것이다. 종국에는 발명의 판매 또는 실시권을 제안하기 마련이어서 특허·발명의 출원 전 선판매금지 신규성 조항을 어기지 않도록 심혈을 기울여야 한다. 따라서 제조업체, 수입업체, 협회, 전시회 등에서 하는 인터뷰는 비밀유지협약서에 서명을 받은 후에 하는 것이 바람직하다.

협회 조사하기

협회는 일반적으로 관련 업계 기업들의 대표, 즉 발명의 상업화를 결정할 주요결정자, 본인 발명의 유통을 담당할 유통업체와 주요 소매상들이 참여하는 단체다. 하지만 협회는 각 업계에 하나씩만 있는 것이 아니라 여러 협회가 난립해 있는 경우가 대부분이고, 이로 인해서 조사가 생각보다 어렵고 귀찮은 점이 많다. 관련 협회를 다 조사하면 좋겠지만 사정이 허락하지 않으면 최소한 2~3곳은 조사해야 한다. 본인 발명이 산업발명처럼 여러 산업분야에 적용할 수 있는 것이라면, 해당 산업분야의 협회를 모두 조사해야 한다.

협회를 찾는 방법은 인터넷으로 찾는 것이 가장 쉽다. 하지만 상근하는 임직원이 많지 않은 협회의 특성상 홈페이지가 제대로 운영되는 곳이 드물고, 협회장이 개인 목적으로 만들어 사실상 협회장의 기업만 소속된 1기업 협회도 많다. 따라서 협회 조사의 시작은 유통체인에서 각 단계의 주요결정자들에게 문의하는 것이 더 효율적이다.

협회 조사는 ① 회원사의 연혁과 매상, 주요 상품, 기술개발과 적용 빈도, 주요결정자의 신원과 연락처, 홈페이지 주소, 시장점유율, ② 본인 발명에 관심이 있을 만한 회원사 선별, ③ 업계의 기술적·사업적·홍보적인 트렌드, ④ 상품, 제조사, 지역 등으로 구분한 상품의 카테고리, ⑤ 관련 기관, 표준설정기관과 담당자의 신원, 연락처 등을 확인해야 한다.

협회는 회원사들의 공통적인 이익 추구가 목표이므로 회원사에 정보를 배포하는 일과 회원사에게 도움이 되는 정보를 수집하는 데 늘 관심이 있다. 필자의 경험에서 볼 때 이런 업무를 가장 잘 알고 있는 사람은 상근부회장이다. 발명자가 협회의 상근부회장과 면담에서 반드시 질문해야 할 내용은 어떤 회원사가 본인의 발명에 가장 관심을 보일 것 같은지, 그리고 그 이유다. 그런데 이런 질문을 받으면 관련 정보보다는 해당 발명에 대한 평가와 개선점을 이야기하는 경우가 많다. 발명자는 본인 발명에 대한 자부심은 잠시 버리고 평가와 개선점을 주의 깊게 들어야 한다. 관련 산업분야 전문가의 조언으로 발명 상업화에 가장 큰 걸림돌을 발견할 수도 있고, 그 걸림돌을 걷어내야만 발명의 상업적 성공을 이룰 수 있기 때문이다.

전시회 조사하기

이제는 내국인에게도 생소하지 않은 전시회는 관련 제조업자뿐만 아니라 업계의 정보서비스 업체, 관련 협회, 관련 업계 기업들과 협회들, 주요 소매업자, 관련 언론업체 등이 참가한다. 그래서 발명의 상업화를 생각하는 발명자에게는 더 없이 좋은 정보의 보고다. 또한 전시회에서 만날 (해당 업계의 중요한 정보를 가지고 있는) 언론업체의 편집국장과의 인터뷰 또한 빠질 수 없다.

전시회는 일반적으로 수십 개에서 수백 개의 기업들이 참여하기 때문에, 최소 이틀은 투자해야 한다. 또한 유사한 전시회가 많아 비용과 시간은 물론, 만나려는 사람에게 어떤 질문을 할지도 미리 준비해야 한다. 전시회는 본인 발명과 관련이 있는 시장에 대한 정보수집과 전시회 부스에 있는 주요결정자의 평가와 피드백 수령, 그리고 잠정 실시권자가 될 수 있는 제조사를 발견하고 대화를 시작하는 장소다.

하지만 전시회 참가사들의 주요목적은 제품 판매라는 것을 기억해야 한다. 발명자가 본인의 발명에 대해 설명하려고 하면, 뜨내기 장사치로 취급하는 경우가 있을 것이다. 평정심을 잃지 말고 전시회 조사에 중심을 두는 것을 잊지 말아야 한다. 또한 본인 발명에 보조품으로 사용할 수 있는 제품을 전시하는 업자들의 정보를 수집하는 일도 잊지 말아야 한다.

전시회 부스에서 질문할 내용은 다음과 같다.

- 발명자의 발명 분야에 새로운 제품을 출시할 의향이 있는지
- 인터뷰 대상이 새 제품 출시와 관련한 최종결정자인지 아니면 다른 최종결정자가 있는지
- 최근 출시한 제품의 샘플과 그 제품이 상업적으로 성공했는지
- 외부발명자와 협업한 경험이 있는지, 경험이 있다면 협업 횟수와 시기, 협업한 외부발명자의 신상과 수입 분배방식
- 관련 업계의 (특허를 포함한 일반 계약의) 일반적인 로열티 %와 산출·지불 방법
- 발명자의 발명을 상품으로 개발할 의향이 있는지

발명자에게 중요한 마지막 질문을 할 때는 특허의 신규성 결여 사유인 공개, 선판매·청약이 되지 않도록 해야 한다. 이를 범하지 않기 위해서는 비밀유지협약을 먼저 하고 발명을 공개해야만 한다. 인터넷에서 손쉽게 구할 수 있는 비밀유지협약서는 만병통치약이 아니다. 본인의 발명 내용과 향후 상업화 전략을 포함한 내용들을 충분히 이해한 법률전문가에게 의뢰해 양식을 만든 다음 사용하는 것이 현명하다.

4장

발명 상업화의 반려자,
실시권자 찾아보기

앞에서 말한 특허전략과 관련 시장·업계에 대해 조사했다면 제조사들과 유통체인에 대한 어느 정도 감을 잡았을 것이다. 관련 시장의 여러 요소들을 통해서 발명자가 모은 최신정보는 발명자가 인터뷰한 주요결정자들이 가지고 있는 정보보다 더 많을 수도 있다. 하지만 발명자는 본인 발명의 잠정 실시권자licensee가 어떻게 반응할지, 어떤 라이선스를 제안할지 아직 모른다. 다만 확실한 점 하나는 어떤 제조사와 어떤 순서로 연락할지 결정해야 할 단계가 되었다는 것이다. 또한 발명의 특허출원·등록 유무를 떠나서 업체에게 필요 이상으로 정보를 공개하지 말아야 하기 때문에, 발명을 공개할 대상과 내용에 현명한 결정을 내려야 한다.

제약·소프트웨어 업계는 제품개발을 철저하게 영업비밀로 유지한다. 이런 업계의 제조사들은 발명자가 처음 그 발명을 한 사람이고, 유일하게 발명의 실시를 제안했다는 사실을 안다면 관련 발명의 상업화에 더 적극적으로 임할 것이다.

발명자가 실시권자를 조사할 때 본인 발명의 시장독점권은 굉장히 제한적이라는 것을 인정해야 한다. 발명자는 특허보호 없이 영업비밀이나 노하우만 가지고 있을 수도 있고, 특허등록을 했어도 제대로 청구항을 구축하지 못해 다른 업체가 손쉽게 회피설계를 할 수 있거나, 최악의 경우에 특허무효가 될 수 있다는 이야기다.

또한 만약 발명자가 최종에는 본인이 특허·발명을 직접 제조·판매하겠다고 하면, 실시권자 조사는 결국 잠정 경쟁자에게 중대한 정보를 공개하는 것이 될 수 있다. 발명은 콜럼버스의 달걀이다. 세월이 가면 다른 발명자들도 발상과 특허출원 또는 제조·판매를 할 수 있다. 따라서 잠정 실시권자를 선택할 시간이 그리 많지 않다.

💡 성공적인 특허·발명 상업화의 실제 사례

러시아 출신 이민자들이 모여 사는 지역에 가까웠던 필자의 미국 사무실에 어느 날 초로의 러시안 남자가 찾아왔다. 본인이 만든 발명이라면서 한 전자제품을 (제품A) 필자의 책상에 올려놓았다. 본인 발명을 라이선스할 회사를 찾아서 계약을 해주면 라이선스 (기간 내내) 수입의 50%를 성공보수로 주겠다는 제안을 했다.

10여 분간 제품A를 검토한 필자는 2가지 사유로 제안을 거절했다. 하나는 너무 단순해서 특허요건인 신규성이나 진보성의 결여로 특허등록이 안될 것이 거의 확실해서였다. 둘째는 특허등록이 되어도 타 업체가 쉽게 회피설계를 할 수 있는 데다가 관련 업계는 경쟁업체들이 신제품을 빈번하게 무단복제하는 분야기 때문이다. 하지만 그 후로 그는 수십 차례 찾아왔고, 결국 필자의 첫 번째 특허·발명 상업화 서비스 고객이 되었다.

관련 시장과 업계를 조사하고 주요결정자들과 인터뷰를 해보니 제품A는 유사한 다른 제품보다 가격경쟁력이 뛰어나고 틈새시장이 있다는 것을 발견했다. 관련 유통업체들을 조사해 잠정 제조업체를 6개로 압축시켰다. 그중에 두 업체에게서 비밀유지 협약서를 받고 제품A 소개서를 보냈다. 약 2주 후에 연락을 하자 제품A가 자사에는 적당하지 않다면서 다른 두 업체를 소개해주었다. 다시금 이 두 업체를 조사하니, 첫 번째 업체(1번 업체)는 관련 시장점유율이 과반수가 넘었다. 비록 규모는 작았지만, 미국의 대형할인매장 체인과 (당시 미국 유통체인의 큰 부분을 차지한) 통신판매에 납품하는 탄탄한 회사였다.

1번 업체의 마케팅 담당 부사장과 비밀유지협약을 맺고 제품 소개서를 보내자 부사장이 직접 전화를 했다. 부사장이 먼저 꺼낸 질문은 1번 업체의 주요 경쟁사인 '2번 업체'에 제품A를 소개했느냐는 것이었다. 제품A의 특허출원·등록은 아예 관심 밖인 듯했다. 필자는 2번 업체에 연락하고, 비밀유지협약까지 체결했지만 제품 소개서는 아직 보내지 않았다고 했다. 1번 업체의 부사장은 제품의 (특허 실시권이 아닌) 독점 출시권을 원한다며, 만약 2번 업체에게 먼저 제품을 소개했다면 이런 제안을 하지 않았을 것이라고 이야기를 흘렸다. 나중에 알았지만 1번 업체와 2번 업체는 그야말로 피 말리는 숙명의 경쟁사고, 두 회사에 가장 중요한 것은 선두업체라는 이미지였다.

교차로에 다리 하나 건설하는 데도 2년 이상이 걸리는 미국의 기준으로는 그야말로 번개 같은 속도로 4개월 만에 1번 업체와 독점 출시권을 계약했다. 고액의 선 로열티가 아닌 업계표준보다 높은 러닝 로열티running royalty를 받았다. 고객은 수령한 로열티로 특허출원을 의뢰했고, 필자는 담당 직원들에게 특허출원을 최대한 늦추라고 지시했다. 왜냐하면 특허는 출원서 공개publication나 등록을 하면 관련 발명을 공개하는데, 제품A는 쉽게 회피설계를 할 수 있을 정도로 단순했기 때문이다.

———◆◆◆———

이 사례에서 중요한 시사점이 2개 있다. 첫째는 실시권을 계약하기에 앞서서 관련 시장과 업계를 조사할 때에는 발명의 공개를 최소로 하면서 발명의 상업화 전략을 진행할 수 있어야 한다는 것이다. 또한 타이밍도 중요한데, 만약 필자가 제품A의 시장과 업계 조사보다 먼저 특허출원을 고집했다면 출원하는 데 시간을 소모해 제품A의 출시는커녕 라이선스 협상도 못 했을 수 있다.

둘째는 고객이 제품A의 낮은 가치를 인정하고 합리적인 실시권 조건을 받아들였다는 것이다. 본인 발명의 현실적인 가치를 인정하지 못하는 것은 특허·발명 상업화에 큰 장벽이 될 수 있다.

김발명 청소기 상업화하기 (2)   김발명은 이 변리사를 통해 본인 청소기 관련 시장·업계 조사를 마쳤다. 본인 청소기의 시장성에 어느 정도 자신감이 생겼고, 이 변리사에게 관련 기술의 특허출원을 의뢰했다. 그리고 이 변리사에게 본인 청소기를 제조·판매할 잠정 실시권자를 조사해달라고 부탁했다.

잠정 실시권자를 찾아보자

발명을 직접 제조·판매할 금전과, 관련된 모든 능력이 있는 것이 아니라면 발명자는 본인의 발명을 매매하거나 실시권을 양도하기를 원한다. 대부분의 실시권자들은 발명의 매입보다는 실시권을 선호한다. 왜냐하면 발명의 가치를 평가하기가 거의 불가능하여 매입 금액을 정할 수 없고, 제조공정 설립, 기자재 선매입, 마케팅 경비 선지불 등 필요한 경비가 많기 때문이다.

잠정 실시권자는 해당 발명이 중요한 2가지 요소를 만족해야 실시권 계약을 고려하는데, 이 2가지 요소는 발명의 시장성marketability과 실시권성licensability이다. 전자는 판매자와 무관하게 소비자가 얼마나 제품을 원하느냐가 주요 쟁점이고, 후자는 관련 지식재산이 제조나 실시권을 부여하는 데 얼마나 값어치가 있느냐가 주요 쟁점이다.

발명의 시장성 요소는 ① 기존 제품과 비교해 김발명 청소기의 가격, 기능, 내구성, 편의성 등이 우수한지, ② 기존 제품과 차별된 기능으로 판매업체가 판매를 시도할지, ③ 미세먼지 제거용 물걸레와 청소기를 별도로 사용한 것에 비해 김발명 청소기를 개발하고 홍보하는 데 투자하는 것이 정당한지, ④ 중국 발 미세먼지에 대한 소비자의 반응이 일시적인 유행인지 아니면 장기적인 트렌드인지, ⑤ 김발명 청소기에 합리적인 가격을 책정할 수 있는지, ⑥ 이전에 유사제품이 성공했는지가 있다.

이에 반해서 발명의 실시권성 요소는 ① 김발명 청소기 관련 지식재산의 보호 범위와 강도, ② 관련 청소기 시장의 발전속도에 대비해 김발명 청소기의 지식재산 중요도, ③ 청소기 시장을 지배하고 있는 업체와 이 업체의 외부발명자와 협업 정도, ④ 김발명 청소기를 개발할 업체가 있는지, ⑤ 김발명 청소기 개발에 본인이 참여하는지, ⑥ 김발명 청소기의 수익성과 비교할 때 실시권자가 김발명 청소기를 실시하는 데 들인 노력과 투자가 정당한지, ⑦ 기존에 유사제품을 실시하는 데 실패한 사례가 있어 실시권자가 꺼려하는지가 있다. 또한 ⑧ 김발명 청소기가 기술특허뿐만 아니라, 디자인 특허, 노하우, 영업비밀, 상표, 저작권 등이 있으면, 실시권성이 더 높아지는 것은 당연하다.

어떤 제품이건 관련 유통체인이 있고, 그 유통체인에 있는 업체들은 특허·발명의 잠정 실시권자가 될 수 있다. 하지만 제조업체의 경우에 특허·발명 제품개발과 품질관리를 할 수 있는 기존 엔지니어링팀은 물론, 제품의 패키징과 관련 소비자보호^{PL}보험까지 전담하는 팀이 있기 때문에 제조회사가 실시권자가 되는 경우가 절대적으로 많다.

잠정 실시권자를
선발해보자

제조업체를 발명의 잠정 실시권자로 정했다면, 그다음은 수많은 청소기 제조업체들 중에 어떤 요건들로 잠정 실시권자들을 선발할지가 다음 쟁점이다. 고려할 요소로는 ① 재정상태, ② 업체의 마켓포지션과 김발명 청소기가 잘 맞는지, ③ 청소기 제조 능력과 전문분야, 연간 제조량, 제품개발 인원의 규모와 구성, 혁신적인 제품에 대한 수용도, ④ 새 제품을 출시하는 빈도, 판매에 성공할 수 있는지, 영업·홍보를 지원할 수 있는지, ⑤ 사업에 영향을 미칠 송사, 노조, 경영진, 타 기업과의 합병 가능성, ⑥ 김발명 청소기와 관련된 제품을 이미 판매하고 있다면 김발명 청소기를 즉시 출시할 수 있는지, ⑦ 청소기 유통체인에 있는 업체들의 해당 제조업체에 대한 평판, ⑧ 기존의 발명자와 협업, 소송이 있다.

제조업체의 제품이 최종소비자에게 전달되기까지 몇 단계의 유통체인을 거치는지도 중요하다. 유통체인 단계가 많아질수록 신제품에 대한 영업사원의 지식이 떨어진다. 그럴 경우 결국 신제품 자체만으로 소비자가 구매를 결정할 수 있어야 한다. 그러므로 김발명 청소기가 기능, 혜택, 작동 등 모든 면에서 판매사원의 부가설명 없이 최종소비자가 구매할 정도인지와 자사제품의 유통체인 단계도 검토해야 한다. OEM 전문업체는 제조와 납품만 할 뿐이지 판매는 하지 않기 때문에, 아무리 청소기를 많이 제조해도 잠정 실시권자의 대상이 아니다.

적격한 잠정 실시권자를 선정하는 데 시장점유율과 유통점유율도 고려해야 한다. 시장점유율은 해당 제품이 전체 시장의 매출에서 몇 %를 차지하는지를 말하며, 유통점유율은 해당 제품이 유통체인 업체들의 몇 %에게 납품하는지를 말한다. 예를 들어서 LG전자의 청소기 시장점유율이 60%이고, 삼성전자가 40%이라고 할 때 양사가 하이마트와 전자랜드에 동일하게 공급한다면 양사의 유통점유율은 50:50이다. 이런 경우에 김발명은 큰 파이의 적은 부분과 적은 파이의 큰 부분 중에 선택을 해야만 한다. 다시 말해 LG전자의 시장점유율을 보고 LG전자를 실시권자로 선택할 경우, 김발명 청소기를 더 많이 판매할 수 있겠지만, LG전자의 다른 청소기에 묻혀서 김발명 청소기의 가치는 희석될 수 있다. 반면에 삼성전자로 실시권자를 선택하면 상대적으로 판매가 적겠지만, 삼성전자는 김발명 청소기를 특별한 새 상품으로 홍보에 집중할 것이다.

주요결정자와
인터뷰를 해보자

이렇게 해서 발명의 잠정 실시권자들이 정해지면, 상담 순서를 정하는 것이 중요하다. 김발명이 잠정 실시권자로 선택한 LG전자와 삼성전자는 여러 면에서 숙명의 라이벌이고, 양 업체는 어떠한 실시권이 되든지 상대방은 절대 사용할 수 없는 독점 실시권만을 요구할 것이다. 양사의 문화, 강점, 마켓포지션, 소비자가 인지하는 가치 등이 모두 다르기 때문에 김발명의 희망사항을 한 회사가 다 만족시킬 수는 없다. 그러므로 모든 고려요소를 토대로 일련의 결정요소들과 비교해서 실시권 상담 순서를 정하는 것이 현명하다.

　잠정 실시권자와 상담할 순서가 정해지면, 해당 업체에서 새 제품 개발을 결정하는 '주요결정자'와 인터뷰를 해서 다시 새로운 조사를 시작한다. 주로 ① 관련 시장의 정보와 ② 업체의 제조능력, ③ 외부인과의 협업에 관한 좀 더 심도 깊은 조사다.

첫 번째, 관련 시장에 대한 조사는 ① 가격, 구체적인 기능, 패키징 등 판매에 영향을 미치는 요소, ② 전자제품 전문매장, 할인마트, 인터넷 쇼핑몰, 백화점 등 소매업체 중에 청소기 소매에 가장 적합한 POS$^{Point of Sales}$, ③ 김발명 청소기와 유사한 청소기들의 일반적인 가격대, ④ 주요결정자가 추측하는 김발명 청소기의 예상 매출, ⑤ 주요결정자가 보는 김발명 청소기가 마주칠 가장 큰 시장장벽, ⑥ 청소기 제조업계의 최고 경쟁사, ⑦ 김발명 청소기와 잠정 실시권자의 마켓포지션에서 연관성, ⑧ 청소기 시장의 안정성과 시장변화를 일으킬 요소, ⑨ 잠정 발명 실시권자 업체의 수출 정보, ⑨ 김발명 청소기에 가장 큰 위협이 될 외국산 경쟁제품, ⑩ 김발명 청소기의 제조기간과 출시시점에 관한 것이다.

두 번째, 발명의 잠정 실시권자의 제조능력에 관한 질문은 ① 자사 제품의 엔지니어링, 제조와 품질관리 경험, ② 김발명 청소기와 유사한 청소기를 제조한 경험과 해당 유사 청소기 샘플, ③ 김발명 청소기의 예상 제조경비와 예상 판매가격 등이 된다.

마지막으로, 잠정 실시권자의 외부인과의 협업 관련 질문들은 ① 협업한 외부발명자의 숫자와 내용, ② 특허등록이 안 된 발명일 경우 발명자에게 로열티를 지불한 경험과 대략의 액수, ③ 청소기 제조업계의 일반적인 로열티 책정 방식과 액수, ④ 외부발명자에게 컨설팅 비용을 지급한 경험과 액수, ⑤ 최소 판매량 조건을 포함해서 독점 실시권을 계약한 경험과 계약한 최소 판매량을 만족하지 못해서 관련 실시권을 파기한 경력, ⑥ 외부발명자 명의로 등록할 특허출원 경비를 지원하는지, ⑦ 상기 사실들을 증명·검토할 수 있는 이전 외부발명자들의 이름과 연락처, ⑧ 외부발명자와 비밀유지협약서를 작성했는지가 있다.

마케팅과 엔지니어링, 어디에 먼저 연락해야 할까?

발명자의 특허·발명 실시권자를 찾기 위한 여정은 본인 발명의 진실한 가치를 가늠하는 데 많은 도움이 된다. 왜냐하면 발명을 실시할 수 있는 정도에 따라서 잠정 실시권자가 지불하려는 로열티, 즉 발명의 가치가 다르기 때문이다. 예를 들어서 잠정 실시권자는 발명이 아이디어만 있는 상태와, 관련 엔지니어링, 제품 테스팅, 테스트 마케팅을 다 마친 상태의 가치를 당연히 다르게 본다.

업계에 따라서 발명을 실시할 수 있는 상태에 대한 가치 수준이 다르지만, 일반적인 룰은 있다. 현실적으로 발명을 실시할 수 있으면 있을수록 가치는 높아지고, 발명의 샘플이 있으면 가치는 더 높아진다. 더해서 비록 소규모라도 제품을 생산해서 테스트 마케팅을 했다면, 실제 판매량도 어느 정도 있다면, 발명의 가치는 매우 높아진다.

실시권을 제안할 업체의 장점이 엔지니어링일 때와 마케팅일 때 보는 발명의 가치가 다르다. 해당 업체의 장점이 엔지니어링이면,

발명자의 기술적 노력에는 큰 관심이 없고 오히려 테스트 마케팅에 더 관심이 있다. 하지만 해당 업체가 마케팅에 전념한다면, 발명 샘플을 더 많이 보여줘야 할 수도 있다.

자력으로 샘플·제품개발과 테스트 마케팅을 할 수 있는 대형업체는 샘플과 테스트 마케팅 결과보다는 향후 시장을 독점할 수 있는 특허출원서를 더 선호한다. 즉, 앞에서 이야기한 특허출원과 샘플 제작, 테스트 마케팅이 잠정 실시권자와 접촉하는 단계에서 필요하다. 발명자가 본인의 한정된 예산을 어느 부분에 투자할지는 잠정 실시권자의 실체가 어느 정도 밝혀진 단계에서 결정하고 집행하는 것이 현명하다.

실시권을 제안할 잠정 실시권 업체를 발견한 다음에 고려해야 할 사항은 그 업체의 어느 부서에 먼저 연락을 하느냐다. 일반적으로 기술발명의 경우에 엔지니어링 부서보다는 마케팅 부서에 먼저 연락하는 것이 현명하다. 마케팅 부서는 해당 특허·발명제품을 본사의 엔지니어링 부서가 개발했는지 외부발명자가 개발했는지에는 그다지 관심이 없고, 오로지 매출증가에만 신경을 쓴다.

하지만 회사의 기술·제품개발이 주업무인 엔지니어링 부서에서 볼 때 발명자가 제출한 기술발명은 (발명자가 먼저 발상했기 때문에) 자존심이 걸린 문제가 될 수 있다. 또한 엔지니어들은 새 제품의 아이디어나 기술을 심화검토할 때면 기술적 결점만을, 예를 들어 어떤 경우에 잘못될 수 있다거나 작동하지 않는다는 것만을 본다. 그 결과 엔지니어링 부서는 상대적으로 나쁘게 평가할 수 있다. 그래서 필자는 일반적으로 발명의 검토를 마케팅 부서에게 먼저 요청하고, 마케팅 부서가 다시 엔지니어링 부서에 검토를 요청하게 한다. 이렇게 마케팅 부서의 동료직원이 평가를 요청할 경우 엔지니어링 부서의 검토 결과가 상대적으로 호의적일 수 있다.

비밀유지협약은
필요하다

특허·발명의 실시권 제안을 받은 잠정 실시권자의 반응은 일반적으로 4가지로 나뉜다. 하나는 거절인 "저희 회사는 이런 종류의 제품을 취급하지 않습니다"이고, 다른 하나는 "저희 회사는 현재 외부에서 새 제품을 찾고 있지 않습니다"다. 세 번째 반응은 "저희 회사는 발명자님이 제안하신 제품을 판매하지만 제조는 하지 않습니다"이고, 네 번째 반응은 "발명자님이 저희 회사의 비밀유지협약에 먼저 서명을 하신다면, 자료를 검토해보겠습니다"다.

특허·발명이나 발명 아이디어를 검토해달라고 요청받은 대부분의 업체는 네 번째 반응을 보이는데, 이는 발명과 지식재산권 관련 분쟁이 급팽창하는 현 상황을 반영한 것이다. 특히 발명자가 제출한 기술이 이미 업체 내부 엔지니어가 연구하고 있는 것일 경우에, 발명자가 향후 본인의 발명·아이디어를 도용당했다고 주장할 때 책임을 지지 않기 위해서 비밀유지협약을 먼저 맺자고 한다.

비밀유지협약에 관한
딜레마

기업은 관리감독을 할 수 없는 상황(예를 들어서 발명자가 요구하는 비밀유지협약을 지켜야 할 직원이 너무 많은 경우)이거나, 다른 발명자에게 거의 동일한 발명의 검토요청을 받았는데 한 발명자는 비밀유지협약을 요구하고 다른 발명자는 비밀유지협약을 요구하지 않으면, 일반적으로 비밀유지협약 체결을 거절한다. 더불어서 수천, 수만 명의 임직원을 고용하고 있는 대기업은 모든 임직원이 비밀유지협약을 준수할 것이라는 보장이 없기 때문에 비밀유지협약을 거절한다. 이런 경우에 발명자는 본인의 직관과 현재 협상하고 있는 주요 결정자의 구두약속에 의존할 수밖에 없다.

　잠정 실시권자가 비밀유지협약을 체결하지는 않지만 비밀정보를 받아보고 싶어 하는 경우가 있다. 이러한 경우에 발명자는 비밀정보를 제공해야 할지 말아야 할지 딜레마에 빠지는데, 이에 관련된 2가지 의견이 있다. 하나는 발명자가 비밀정보를 공개하면 잠정 실시권자는 발명자에게 빚을 지는 것이 되고, 따라서 결과가 발명자가 원하는 쪽으로 귀결된다는 것이다. 미국에서는 발명자가 전달한 비밀정보를 잠정 실시권자가 사용했다면, 별도의 합의가 없는 한 발명자는 이에 상응한 보상을 기대하고 있으므로 관련 보상을 해야 한다고 한 판례가 있다. 하지만 이 판례와 상황이 유사한 경우에만 해당되기 때문에 발명자는 이 판례가 본인 상황에도 적용되는지 변호사와 미리 상담하고 활용해야 한다.

다른 하나는 매우 경쟁이 심한 발명 관련 시장의 정보와 잠정 실시권자 회사의 평판, 그리고 전달하려는 정보의 내용에 따라서 발명자가 전달하려는 요점만 전달하여 비밀정보의 공개를 최대한으로 막으라는 것이다. 결국 상담초기에 공개할 정보를 정하고, 이후 발명자의 전략에 따라서 공개할 정보의 양을 늘리라는 것이다.

간혹 잠정 실시권자의 비밀유지협약서에 '발명자는 특허청에서 허락한 권리에 입각해서 발명을 공개하고 이에 대한 책임은 잠정 실시권자가 지지 않는다'는 구절이 포함되어 있다. 또한 몇몇 대기업들은 '발명자의 확실한 특허에 의존해 본인 발명을 공개한 것이므로, 관련 모든 정보의 공개와 사용은 책임지지 않는다'는 구절을 비밀유지협약서에 포함하기도 한다.

이런 구절들은 결국 발명자가 공개한 발명의 비밀정보는 이미 공개된 정보인 특허에 포함되어 있는 것이어서 이를 사용해서 역설계나 회피설계를 해도 책임지지 않는다는 의미다. 또한 비록 특허등록을 하였더라도 잠정 실시권자는 본인의 필요에 따라서 관련 특허를 무효화할 수도 있다는 말이기도 하다. 이런 경우에 발명자는 잠정 실시권자에게 ① 특허등록 유무를 떠나서 특허출원을 할 수 있는 발명에 대해서 외부발명자에게 로열티를 지불한 경우가 있는지, ② 외부발명자의 특허를 무효로 만든 적이 있는지 물어봐야 한다. 이 질문의 답을 바탕으로 발명의 비밀정보를 공개할지, 공개하지 않을지와 그 양을 결정해야 한다.

비밀유지협약을 맺지 않은 채
검토하게 하라

일반적으로 업체의 기존 비밀유지협약은 업체에게만 이롭고 외부 발명자에게는 이롭지 않게 구성되어 있다. 만일 발명자가 관련 특허를 등록하였고 특허보호에 자신이 있다면, 업체의 기존 비밀유지협약에 합의한다고 해도 별반 차이는 없을 것이다.

하지만 이보다 더 좋은 전략은 비밀유지협약에 서명을 하지 않은 채 업체가 발명을 검토하게 하는 것이다. 이를 위한 한 가지 방법은 발명자의 유일한 현재 목적이 발명의 상업화에 관련해서 대화를 지속할 업체를 찾는 것이라 설명하는 것이다. 그리고 발명은 특허등록이 되어 있고 발명자는 일반대중에게 공지된 정보만, 즉 특허만을 업체에게 공개하겠다고 설명해야 한다. 이러한 설명과 특허증서를 받은 업체들은 대부분의 경우 기존 비밀유지협약에 서명하라고 요구하지 않는다. 또한 정식으로 합의서를 작성하지 않았기 때문에 좀더 자유롭게 이야기할 수 있다.

일반적으로 비밀유지협약서를 받으면 변호사 검토 등으로 며칠에서 몇 주가 소요된다. 또한 몇 번이고 연락을 해야 해결이 된다. 이러한 제안은 설명을 포함한 커버레터^{cover letter}와 특허증서만 이메일이나 팩스로 송부해놓고 (커버레터에 포함된 답신 기한일 이내에) 상대방의 연락이 오면 대화를 지속하면 되고, 그렇지 않으면 그다음 순서인 잠정 실시권자에게 동일한 방식으로 연락을 하면 된다.

샘플 비밀유지협약서
작성해보기

필자는 변호사기 때문에 수없이 많은 서류들을 접한다. 그중에 가장 간단하면서도 매우 중요한 비밀유지협약서도 많이 다루는데 그 내용과 양이 천차만별이다. 필자는 일반용어들을 사용하여 요점만 정확하게 기록한 단순한 비밀유지협약서가 더 유용하다고 생각한다. 단순한 비밀유지협약서는 이해하기가 편해서 발명 상업화에 중요한 역할을 하는 주요결정자가 본인 법무팀이나 변호사의 검토 없이 쉽게 서명하기 때문이다. 또한 빈 공간에 업체가 직접 정보를 채우는 비밀유지협약 형식은, 대부분의 법률서류들이 가지고 있는 공격적인 성향을 순화시켜주는 느낌이 들기 때문에 그대로 체결될 가능성이 훨씬 높다.

　다음 페이지에 있는 비밀유지협약서를 보도록 하자. 1번에는 본인 발명을 서술하되, 서술이 자세하면 할수록 비밀유지협약을 쉽게 체결할 수 있다. 2번은 특허·발명 관련 비밀유지협약에서 가장 중요한 부분이다. 특허·발명에 대한 논의를 좀 더 하기 위해 비밀유지협약을 체결하는 것이지 향후 특허출원 불가 사유인 선판매(청약)하려는 것이 아님을 명기해야만 한다. 3번은 잠정 실시권자에게 가장 중요하기 때문에 비밀유지협약에 반드시 포함되는 내용이다. 일반적인 예외사항은 5번에 포함되어 있다.

　일반적으로 대기업은 외부발명자의 비밀유지협약을 체결하지 않

비밀유지협약

[발명자 주소] _____ 에 주거하는 [발명자 이름] _____ (이후
'발명자')는 [잠정 실시권자 주소] _____ 가
주 사업장소인 [잠정 실시권자 이름] _____ . _____ (이후 '상담업체')에게 '발명자'의 비/
특허출원된 발명과 관련 기타 지식재산권을 (이후 통칭 '정보') 공개함에 있어서 아래
와 같이 합의한다.

1. '정보'는 '발명자'에게 중요한 가치가 있는 사유재산이며, 아래에 서술한 내용을 포
   함하고 있다.

   _____

   _____

2. '발명자'는 이러한 '정보' 공개의 목적이 '정보'의 개발, 마케팅 등을 위한 '상담업
   체'와 대화를 지속하기 위한 것이며, '상담업체'에게 '정보'를 판매 또는 판매청약
   하는 것은 아님을 명백히 한다.

3. 특별한 별도의 합의서면이 없는 한 '상담업체'는 본 비밀유지협약에 관련된 아무
   런 명시적 또는 암묵적 책임이 없다. 하지만 공개된 '정보'는 '발명자'의 사유재산
   이고, 향후 '상담업체'가 '정보'를 사용하기 위해서는 '발명자'의 선 서면허가를 받
   아야만 한다.

4. '상담업체'는 공개된 '정보'를 비밀로 유지할 것을 서약하며, '발명자'의 선 서면허
   가 없이 '상담업체' 이외의 제3자에게 공개하지 않는다. 또한 '상담업체'는 '정보'
   를 알아야 할 필요가 있는 경우에만 '상담업체' 임직원들에게 공개할 수 있다.

5. '상담업체'의 (4)항 비밀유지 책임은 '정보'를 ① '상담업체'와 '상담업체'의 부서,
   자회사 또는 유관업체가 본 체결일 이전에 자체적으로 개발했거나, ② '발명자'가
   현재와 과거에 공개한 '정보'를 전혀 모르는 제3자가 '상담업체'에게 공개하거나,
   또는 ③ 공지된 다른 방법으로 '정보'를 취득했을 경우에는 예외사항이다.

년   월   일

발명자   상담업체
[이름] _____ (인)   [이름] _____ (인)
[신분증 번호]   [사업자 등록번호]
[주소]   [주소]

고, 특허출원이나 등록 자료를 요구한다. 아니면 자사의 기존 비밀유지협약을 체결하라고 요구한다. 어쩌면 발명자에게는 굉장히 불리한 상황이지만 본인 발명을 상업화하기 위해서 잠정 실시권자를 찾아야 하는 발명자는 어떤 방식이건 비밀유지협약을 체결할 수밖에 없다. 그런 경우라도 특허·발명이 발명자의 사유재산이며, 발명자의 선(先) 서면허가 없이 업체가 사용할 수 없고, 만약 사용한다면 관련 로열티를 받는다는 내용을 반드시 포함해야 한다. 비밀유지협약의 체결을 거부하는 업체와 대화를 해야 하는 경우에도 정보를 제공하면서 최소한 이메일이나 커버레디에 이런 내용을 포함하는 것이 현명하다.

5장

백전백승 특허·발명
라이선스 협상전략

잠정 실시권 업체를 조사하고 관련 주요결정자와 충분한 대화를 한 다음에 할 업무는 본인 특허·발명의 라이선스를 제안하는 것이다. 필자는 고객이 특허·발명 라이선스 협상 업무를 의뢰하면 우선적으로 질문하는 것이 하나 있다. 그 질문은 "당신이 선정한 잠정 실시권자들의 통합 시장점유율이 몇 %이냐"는 것이다. 왜냐하면 통합 시장점유율이 50%는 넘지만 서로 시장을 선점하려고 날을 세우고 그래서 새로운 제품에 늘 목말라하고 있는 투자 능력과 의지가 있는 업계 최강자들과 라이선스 협상을 하는 것이 발명자에게 가장 유리하기 때문이다. 주의할 것은 앞에서 이야기한 필자의 러시안 고객 이야기처럼 여러 업체에게 특허·발명 라이선스를 제안하는 것은 장단점이 있으니, 여러 요소들을 고려하여 전략을 먼저 세워야 한다.

특허·발명의 라이선스는 관련 발명의 실시권의 범위, 실시지역, 관련 업계의 로열티 책정방식, 홍보전략과 관련 제품의 마켓포지션 등 발명자가 조사하는 과정에서 발견한 사항들을 모두 포함해야 한다. 또한 특허·발명 라이선스 협상은 특허실시와 비즈니스에 복잡하게 얽힌 문제들을 다루어야 하기 때문에 발명자 혼자서 해결하기에는 무척 버겁다. 그리고 본인의 피와 땀이 어린 특허·발명의 라이선스 협상에 감정이 섞이는 경우가 많고, 그로 인해서 생각하지 않은 결과가 나오기도 한다. 그래서 협상은 전담하는 전문가에게 맡기고, 발명자는 전문가의 협상을 청취하면서 협상 내용을 충분히 인지하고 결정을 내리는 것이 바람직하다.

**김발명
청소기
상업화하기
(3)**

김발명은 주요 결정자와 인터뷰 후 본인 청소기 특허의 잠정 실시권자를 삼성전자와 LG전자 그리고 전기밥솥 제조·판매 주력업체인 쿠쿠전자로 정했다. 이 세 회사 중 어느 곳을 실시권자로 할지 고민 중이다.

라이선스 협상과
제안서류

라이선스 협상 대상이 다수인 경우에 우선 협상 순서를 정해야 한다. 만약 삼성전자, LG전자, 쿠쿠전자가 청소기 시장에서 대등한 각축을 벌이고 있고, 김발명 청소기에 관심을 보인다면, 동시에 세 업체에 실시권을 제안하는 것이 시간절약을 위한 전략이 될 수 있다. 하지만 청소기 시장의 강자가 LG전자이고 LG전자에게 실시권을 제안하는 것이 라이벌인 삼성전자나 청소기 시장에 진입하고 있는 쿠쿠전자에게 영향을 준다면, LG전자에 먼저 제안하는 것이 나머지 전자업체들과의 협상에서 선점을 취할 수 있는 방법이다.

김발명 청소기의 정보를 얼마만큼 공개할지도 협상할 대상 업체를 선정하는 데 중요요소다. 김발명 청소기가 이미 특허등록을 하고 광고를 하고 있거나 작동원리를 설명하지 않아도 장점이나 기능을 알 수 있다면, 업체들의 반응을 단시간에 얻기 위해서 3사에 한꺼번에 제안하는 것도 고려해볼 만하다.

다른 모든 제안들처럼 김발명 청소기의 라이선스 제안도 제안서류 제출로 시작된다. 제안서류는 크게 커버레터와 관련 서류로 나눌 수 있다. 관련 서류에는 ① 김발명 청소기의 간단한 설명, ② 제조에 필요한 특수과정의 설명, ③ 기존 청소기 대비 김발명 청소기의 특징과 장점, ④ 타깃마켓, ⑤ 김발명 청소기를 실시하는 데 관련 제조·판매, 로열티 등의 요구사항이 적혀 있어야 한다. 이 단계에서는 아직 정확한 액수를 제시할 필요는 없다. 또한 ⑥ 김발명 청소기를 사용할 수 있는 사용처 목록, ⑦ 특허 사본, ⑧ 도면, 사진, 샘플, ⑨ 김발명 청소기의 작동성과 선호도를 증명하는 관련 서류가 필요하다. 관련 서류의 내용은 간단명료한 것이 더 효과적이다. 첫 6개 항목을 한두 쪽 내외로 작성하고, 작동과 관련된 상세한 정보는 빼고 다른 청소기에 비해서 특징적이고 좋은 점을 강조해야 한다.

커버레터는 일반적인 소개인사와 제출서류의 목록을 포함하지만, ① 제출서류의 반환을 원하면 이를 명시하고, ② 특허출원이 되지 않은 발명일 경우에 본 라이선스 제안 서류에는 '판매청약이 아닌 기술적인 시장성에 관한 기초조사'라고 명시를 해야만 한다. 이를 재차 언급하여 특허의 신규성 요건을 어기지 않도록 해야 한다.

답변에 따른
대처법

라이선스를 제안받은 업체의 답신은 일반적으로 부정, 긍정, 또는 추가조사 필요로 나뉜다. 긍정적인 답신에는 바로 라이선스를 협상할 자리를 마련하면 되는 것이고, 추가조사가 필요하다는 답신에 대해서는 ① 조사의 목적과 기간, 방법, ② 협조사항 등을 물어 협상을 지속할 필요가 있다. 이보다 더 중요한 것은 부정적인 답신이다. 부정적인 답신을 한 전자업체에 김발명 청소기의 어느 부분이 출시 또는 상업적 성공이 불가능한지를 확인해야 한다.

부정적인 답신을 하는 일반적인 사유에는 ① 제안을 받은 업체의 시장이나 마켓포지셔닝과 김발명 청소기가 맞지 않아서, ② 출시·개발할 제품이 너무 많아서, ③ 김발명 청소기가 특정법률을 위반해서, ④ 김발명 청소기와 유사한 발명을 이미 접한 적이 있어서, ⑤ 업체가 이미 유사한 청소기를 출시했으나 김발명 청소기에도 적용되는 사유들로 인해서 실패했을 경우 등이 있다. 부정적인 답신의 사유가 3~5번이면 김발명 청소기의 시장성과 밀접한 관계가 있기 때문에 이에 관한 좀 더 많은 피드백을 얻는 것이 중요하다.

대부분의 주요결정자는 사내 엔지니어링 부서의 리포트를 바탕으로 결정하는데, 필자의 경험으로 비춰볼 때 사내 엔지니어링 부서가 관련 발명을 잘 이해하지 못하는 경우가 허다하다. 그러므로 주요결정자가 부정하거나 또는 추가조사가 필요하다는 답신을 한 경우에 발명을 제대로 이해했는지 확인하고, 못했다면 좀 더 설명할 기회를 갖는 것이 중요하다.

로열티 책정과
초기로열티, 러닝로열티

발명자에게 특허·발명 라이선스 협상에서 가장 중요한 쟁점은 역시 돈, 즉 로열티다. 로열티 책정에 관해서는 여러 방법과 이론이 있지만, 필자는 다음의 손쉬운 방법을 애용한다. 일반적으로 제조부서가 제조경비를 책정하고, 마케팅 부서가 제품의 가격을 책정한다. 이 두 액수의 차이가 제품 1개당 매상총이익이 되고, 제조회사는 예상판매량과 제품의 라이프사이클을 매상총이익에 곱해서 발명의 가치를 산정한다. 예상판매량 산정은 그야말로 불가능에 가까운데, 특허·발명과 유사제품의 판매 POS 숫자와 유사제품의 연간 평균 주문횟수를 통해서 정확하지는 않지만 합리적인 로열티 책정용 기준을 만들 수 있다.

예를 들어서 쿠쿠전자의 한 POS당 1회 청소기 주문량이 12개에 연간 주문횟수가 5회이면, 한 POS당 연간 청소기 주문량은 60개가 된다. 여기에 전체 쿠쿠전자의 청소기 POS가 1천 개 사업소라고 하면 연간 6만 개가 예상판매량이 된다. 이 방법에서 주의할 점은 시장은 새 제품을 수용하기보다는 저항하는 경우가 더 많다는 것이다. 그러므로 예상판매량을 측정할 때 POS 숫자나 시장규모보다는, 김발명 청소기를 실제로 구입하려는 소비자의 수가 더 중요하다는 점을 명심해야 한다.

로열티는 일반적으로 제조업체의 매상총이익에서 반품, 운송비, 리베이트, 세일즈 커미션 등을 차감한 순매상이익에서 시작한다. 통상적인 세일즈 커미션이 5%이므로 제조업체의 매상총이익을 95%로 볼때 5%를 로열티로 받는다면 상당히 좋은 조건이다.

로열티의 다른 쟁점은 초기로열티다. 일반적으로 실시권자는 초기로열티 지불을 꺼려하는데, 이를 해결하는 방법은 향후 러닝로열티에 포함시키거나 컨설팅 비용으로 받는 것이다. 그것도 안 되면 최소한 샘플제조 비용과 특허출원 경비를 청구하는 것은 합리적이기 때문에 필자의 경우 여기까지는 받아낸다.

초기로열티 쟁점이 생기면 대부분의 발명자들은 '많은 초기로열티와 적은 러닝로열티' 그리고 '적은 초기로열티와 많은 러닝로열티' 사이에서 고민을 한다. 이런 경우에 필자는 "손 안의 새 한 마리가 숲 속에 있는 새 두 마리보다 낫다"는 이솝 우화를 사용해서 전자를 권한다. 초기로열티를 지불하는 시점은 라이선스를 계약한 시점이 아닌 작동하는 최초모델을 완성한 시점, 주요고객에게 납품한 시점, 주요 국제·국내 전시회에 참가한 시점, 처음 선적한 시점 등 주요시점을 지정하면 설득력이 강하다.

러닝로열티는 일반적으로 매 사사분기에 지불한다. 필자는 세일즈 커미션으로 20%를 제한 경우와 매상총이익의 12%를 로열티로 받은 경우가 있다. 또 초기로열티로 100달러에서 3만 달러를 받은 경우도 있는데, 로열티는 여러 요소에 따라 천차만별이다.

독점 라이선스시
추가 협상 사항

쿠쿠전자의 입장에서 로열티 다음으로 중요한 것은 독점 라이선스인데, 여기에는 몇 가지 추가로 협상해야 할 사항들이 있다. 첫째는 독점 실시권을 유지하는 조건인 최소실적 조건이다. 최소실적 조건은 최소판매량은 물론, 최소투자액수와 최소유통량을 포함해야 한다. 이런 최소투자, 최소판매, 최소유통량 조건들은 기간도 중요해서, 김발명 청소기는 황사가 많이 일어나는 겨울과 봄이 특수기간이므로 매 사사분기 최소실적 조건의 충족은 무의미하고, 6개월이나 1년 단위가 더 적합하다. 또한 최소실적 조건은 조건을 만족하지 못하면 벌금이나 독점 라이선스 계약 무효 등의 응당한 조치를 포함해야만 실효성이 있다.

둘째는 계약 기간이다. 독점 라이선스 계약 기간은 3~5년이 적당하다. 그 이유는 독점 실시권은 비독점 실시권에 비해 로열티 %가 높기 때문이다. 경쟁사에 비해서 관련 특허·발명제품을 일찍 출시한 독점 실시권자는 3~5년이 지나면 이미 어느 정도 시장을 점유하고 있어 높은 로열티를 더 이상 지불하려 하지 않는다. 또한 발명자의 입장에서는 이미 3~5년간 특허·발명 상업화에 성공했기 때문에 다수의 비독점 실시권자들과 라이선스를 하면 전체적인 로열티 수입이 늘어나게 된다. 따라서 독점 라이선스의 기간은 3~5년이 최적이다.

셋째는 독점 라이선스의 구역이다. 구역은 국가별이나 동아시아나 북미와 같은 지역별로 나눌 수 있고, 제조나 판매 등의 기능별로 차별화할 수 있다. 기능별로 구역을 책정할 때 유의할 점은 특허소진론[1]으로 인해 로열티 징수가 1회로 한정된다는 것이다. 따라서 제조사에서 받는 로열티는 일반적으로 판매사 로열티의 최소 2배가 된다. 왜냐하면 통상적으로 제조사는 제조원가에 특정이율만 적용해서 출고가격을 정하지만 판매사는 구매가격의 2배로 판매하기 때문에, 특허권자가 판매사에게서 로열티를 받는다면 제조사에서 받는 로열티보다 2배를 받을 수 있기 때문이다. 그러므로 비록 기능별로 구역을 책정하더라도 제조사에서는 로열티를 2배 받아야 특허권자에게 공평한 것이 된다.

특허·발명의 실시권 계약은 ① 계약된 특허의 연차료, 연속출원서 관련 경비, 외국 특허출원 관련 경비 등을 지불할 책임과 ② 특허침해소송 제소 또는 주도권한을 포함해야 한다. 특허침해 제소와 주도권한은 투자를 하지 않은 김발명에게는 중요하지 않아도 쿠쿠전자에게는 중요할 수 있다. 따라서 김발명과 쿠쿠전자가 제소와 소송 주도권을 공동으로 소유하는 것이 바람직하다.

만약 발명자가 침해배상에 대해서도 로열티 수입을 원한다면 이 부분도 합의를 해서 계약서에 포함해야 한다. 또한 특허침해배상에 특허(출원)의 존재를 알리는 표시도 중요해서, 현재의 글로벌 제조와 판매로 2분화된 구조에서 특허 표시의 책임소재를 분명히 할 필요가 있다.

라이선스 협상에서 기타 쟁점들에는 실시품의 감사와 무상샘플,

---

1 exhaustion doctrine, 특허가 관련 제조나 판매 또는 여러 단계에서 실시되어도 로열티는 단 한 곳에서만 받을 수 있다는 법이론, 판결이다. 예를 들어 김발명이 청소기의 특허 로열티를 제조사인 쿠쿠전자에서 받은 후 청소기를 판매하는 하이마트나 청소기를 사용하는 최종소비자들에게도 받을 수 있다면, 이는 사회적으로 불공평하다는 것이다.

품질관리, 면책, 계약의 양도가 있다. 실시품 감사는 실시권자들이 잘 동의하지 않으므로 1년에 1회 정도가 일반적이다. 특허권자가 받을 무상샘플은 실시권자의 비용으로 제작하여 로열티를 지불하는 시기에 배달하고, 통상적으로 무상샘플에 대해서는 로열티를 지급하지 않는다.

품질관리 방법은 일반적으로 샘플이나 품질관리 검사, 시간, 빈도, 결과를 포함한 품질관리 보고서로 대신한다. 쿠쿠전자가 청소기를 특허 명세서에 따라 제조·사용하지 않아서 생긴 문제에 대해서는 김발명이 책임지지 않는다는 내용을 넣어야 한다. 또한 김발명의 사망 등 유사시에 계약권리들을 쿠쿠전자의 동의 없이 김발명이 지정한 대상에게 상속·양도할 수 있는 권리를 반드시 포함해야 한다.

느긋한 마음으로
기다리자

미국에서 한국인 발명자의 특허·발명 라이선스를 협상 대행하다 보면 우리나라 사람의 성격이 급하다는 것을 다시금 깨닫게 된다. 왜냐하면 라이선스를 제안하는 메일·우편을 보낸 바로 다음날부터 (필자가 미리 조언한 예상 회신기간을 잊어버리고) 회신이 왔느냐고 거의 매일 연락을 하기 때문이다.

발명자에게는 발명의 상업화가 최우선 또는 유일한 업무일지는 모르지만, 잠정 실시권자의 주요결정자는 사업전략 수립, 본인 상사에게 보고와 부하직원을 관리감독, 매일 완수해야 하는 업무, 현재 출시된 제품의 개량 등 다른 업무들이 이미 많다. 그래서 매일 들어오는 특허·발명 라이선스를 제안받는 즉시 검토하거나 회신을 하지 못할 수 있다. 즉, 발명자가 보낸 특허·발명 라이선스 제안을 검토하는 일은 주요결정자에게는 최하순위의 업무일 수 있다는 말이다. 제안을 검토해달라고 주기적으로 부탁하는 것은 나쁠 것이 없지만, 바쁜 상대방이 귀찮을 정도로 자주 문의하는 것은 도리어 제 도끼로 제 발 찍기가 될 수 있다.

만약 라이선스를 역제안받는다면?

특허·발명 라이선스를 제안받은 업체가 발명자에게 조건을 먼저 이야기하라고 역제안을 하는 경우가 있다. 이런 역제안은 대부분 발명자의 합리성을 체크하려는 것이고, 발명자의 특허·발명 상업화에 관심이 있다는 매우 좋은 신호다. 하지만 이런 역제안까지는 생각하지 않아 난감해 하는 발명자들이 많다.

이 경우에 필자는 업체에게 다시 라이선스 조건을 제안하도록 하라고 조언한다. 그 이유는 발명자가 생각하는 본인 특허·발명의 가치와는 무관하게 업체는 이미 특허·발명의 가치에 대한 생각이 있다. 또한 발명자가 너무 낮은 액수를 부르는 낭패를 범할 수 있기 때문이다. "저는 쌍방에게 공평한 조건이 상생하는 길이라고 생각합니다. 귀사에서 생각하는 라이선스 조건이 어떻게 되는지 먼저 여쭈어보아도 될까요?"라고 답변하는 것이 현명하다. 그리고 업계의 특허·발명 라이선스 기준을 물어보고, 이를 차후에 동종업계의 주요결정자에게 확인하는 것이 좋다.

업계 기준의 2배를 불러서 거기서부터 하향조정을 해나가는 것이 필자의 일반적인 전술이다. 그런데 여기서 주의해야 할 점은 지나치지 말아야 한다는 것이다. 계약금으로 현찰 10억 원, 100만 달러를 일시불로 달라는 것은 대부분의 경우 비합리적이다. 그 결과 이러한 요구를 받은 업체는 발명자의 특허·발명 라이선스에 대해 더 이상 협상하지 않을 수도 있다.

발명제품만
구입하길 원한다면?

업체가 특허·발명의 라이선스나 로열티를 지불하지 않고 특허·발명제품 마케팅에만 관심이 있는 경우가 종종 있다. 이런 업체들은 특허·발명제품을 제조하지는 않고 제조한 특허·발명제품을 구입하길 원한다.

이러한 경우에 발명자는 1개의 제조사에게 독점 제조권을 주어서 제품을 구입하려 하는 마케팅업체들에게 제품을 판매할 수 있다. 또한 발명자는 마케팅업체에게 취소불능 신용장(구매회사가 독단으로 해제통보를 할 수 없는 신용장)을 개설한 구매통지를 발부하게 만들어서, 선(先) 결정된 규격제품을 미리 합의한 가격에 마케팅업체들에게 판매하는 유통구조를 만들 수 있다. 이 방법은 판매대금을 못받을지도 모른다는 불확실성을 제거하고, 이미 다량의 구매통지가 확보된 신용장을 사용하여 제조업체에게서 제조가격을 할인받을 수 있다. 그 결과 상대적으로 저렴한 가격에 특허·발명제품을 판매할 수 있기 때문에 제품의 시장성이 높아지고 발명자에게는 더 많은 이익이 오는 장점이 있다. 또한 발명자는 마케팅업체와 제조업체의 거간꾼 노릇을 하며 수입을 극대화할 수 있다.

하지만 하나의 실시권자가 아닌 다수의 마케팅업체와 제조업체를 엮을 때 추가적으로 드는 노력과 여러 불편함 때문에 이러한 유통구조를 선호하지 않는 발명자도 있다. 그럴 경우에 간단하게 제조업체에 특허·발명의 제조와 도매 라이선스를 주고 로열티를 받는 방법도 있다. 이 방법은 발명자가 특허·발명제품의 제조나 판매에 전혀 관여하지 않기 때문에 관련 소비자보호법상 책임이 없다는 장점이 있다.

외국시장 진출
어떻게 해야 하나?

다자간 자유무역협정과 중국이 세계의 공장이 된 현실에서 발명자의 특허·발명은 외국시장에 더 큰 잠재력이 있을 수 있다. 하지만 외국 라이선스 로열티 수입 전략은 ① 외국 특허가 필요한 경우 관련 특허를 취득하고 관리하는 데 많은 시간과 경비가 필요하며, ② 외국 로열티를 정산하고 검증하는 데 비용이 비싸고 결과가 확실하지 않다. 또 ③ 외국 소비자들은 특정국가 생산품만 선호할 수 있어 상당히 신중해야 한다.

그럼에도 불구하고 본인 특허·발명으로 외국시장에 진출하려 하는 발명자들은 관련 외국시장에서 이미 사업을 하고 있는 국내업체를 활용하는 것이 관련 위험를 현저히 줄일 수 있는 좋은 방법이다. 또 다른 방법으로는 국내 실시권자 업체에 외국시장의 실시권도 부여해서 그 업체가 외국시장을 담당하게 하는 것이다. 물론 이런 경우에 한국과 외국시장 실시권의 종류, 로열티 산정방식, 만기·파기 조건 등은 별도로 합의해야 한다.

진출하려는 나라에서 특허가 없는데 발명제품을 판매하겠다는 실시권자에게는 외국 특허출원과 등록의 제반 권리와 출원·등록·관리 비용을 전부 부담하게 하는 방법도 있다. 하지만 이 방법은 일반적으로 등록될 외국 특허의 권리를 전부 업체에게 이양하는 조건을 달기 때문에 이 쟁점에 대해 먼저 협의하고 시작하는 것이 좋다.

이 외에도 관련 영업비밀 등의 지식재산권, 중재, 법정지 선택, 경쟁금지, 보증 등 실제 라이선스 계약서를 작성하는 데 필요한 협의 사항들이 많지만, 이런 부분들까지 일반 발명자가 자력으로 해결하기에는 무리가 있다. 세세한 법적 쟁점들은 관련 경험이 많은 변호사에게 의뢰하는 것이 더 현명하다.

2부

발명으로 부가가치를 만들어보자

특허·발명의 상업화는 1부에서 이야기한 시장·업계 조사 후에 실시권자와 계약을 체결하고 상품으로 제조해서 출시하는 것이 기본이다. 여기에 일반 제품·서비스와 같이 특허·발명도 소유권자의 노력 여하에 따라서 추가적으로 부가가치를 창출할 수 있다. 2부는 특허·발명에 상업적 부가가치를 추가하는 방법인 특허 브랜딩(Branding)과 실시권 계약으로 들어오는 로열티만을 가지고 여신을 받는 방법, 발명자라면 꿈에 그리는 벤처캐피털 투자유치, 본인의 특허·발명을 사유로 발명자의 업체를 우수한 조건으로 인수합병하기, 그리고 기존 특허·발명에 추가적인 발명 아이디어를 찾아내는 방법에 대해서 이야기하겠다.

6장

특허를
브랜드화하라

현재의 지식 기반 경제체제에서는 그 어떤 비즈니스나 제품, 서비스일지라도 인지도가 중요하다는 것은 여러 번 말할 필요가 없다. 인지도는 지식재산, 특히 특허에 기반하는 업체에도 중요한데, 그 이유는 일반인이 이해하기 어려운 특허만으로는 특허제품의 인지도를 높이기 어렵기 때문이다. 그러므로 해당 특허에 연관되고, 영향을 주고 특허를 사용하는 소비자에게 강력한 특허 브랜드를 심을 필요가 있다.

하지만 제대로 특허를 브랜드화한 업체는 그리 많지 않다. 왜냐하면 전통적인 기업의 홍보정책은 현재와 미래의 주요개발 상황, 새로 선임된 경영진, 관련 시장 예측, 그리고 기업의 전반적인 경영정책 등에만 주력하기 때문이다. 또한 기업은 자사의 신뢰성을 강화하고 인지도를 창출하기 위해서 제품과 이미지를 홍보하는 데 많은 투자를 하지만, 소유한 지식재산, 특히 기술과 법을 이해해야 하는 특허는 홍보대상이 아니라고 생각한다. 비록 기업이 소유한 특허를 홍보하려 할지라도, 관련 기술 지식이 없거나 특허의 역할에 익숙하지 않은 일반대중들에게 특허를 설명하기란 절대 쉬운 일이 아니다.

기업이 전통적으로 홍보에 사용하는 재무제표는 일반적으로 특허의 가치를 포함하고 있지 않다. 설상가상으로 소유한 특허를 설명할 수 있는 일반적인 용어가 없어서 기업이 소유한 특허를 설명하기란 여간 어려운 일이 아니다. 하지만 특허실시업체, 특히 발명 상업화를 극대화하려고 하는 발명자들은 본인의 특허를 소비자들에게 효과적이고 효율적으로 홍보할 방법을 개발해야만 한다.

인텔로 보는
특허 브랜딩

"밤! 밤! 밤! 바 ~~~!"

이것은 전 세계적으로 유명한, 그리고 모든 독자들이 다 알고 있는 로고송이다. 바로 세계적인 마이크로프로세서 칩 생산기업인 인텔이 TV 광고에 사용하는 로고송이다.

광고는 일반적으로 최종소비자를 대상으로 한다. 그런데 인텔의 고객은 인텔의 마이크로프로세서 칩을 구매해서 컴퓨터에 장착하는 컴퓨터 제조업체들이지 컴퓨터 최종소비자는 아니다. 그럼에도 불구하고 왜 인텔은 이런 최종소비자를 대상으로 한 광고를 제작했을까? 그것도 1991년부터 1993년까지 광고비용으로 1억 2,500만 달러나 들여서 말이다. 그것은 바로 인텔의 특허 브랜딩 전략이었기 때문이다.

인텔은 이제 전 세계인들에 익숙한 "밤! 밤! 밤! 바 ~~~!" 로고송과 인텔의 고객인 컴퓨터 제조업체들에게 컴퓨터 외장에 붙이게 한 상표는 컴퓨터 최종소비자들에게 본인이 구매한 컴퓨터 안에 인텔의 마이크로프로세서 칩이 장착되었음을 알리려 한 것이었다. 이러한 인텔의 홍보에 관련 업계는 컴퓨터 안에 장착되어 인텔의 칩과 타사의 칩을 최종소비자가 구분할 수도 없는데도 괜한 돈을 낭비한다고 빈정거렸다.

하지만 그것이 바로 인텔이 노렸던 것이다. 이 홍보는 인텔과 타사 칩의 차이점을 모르는 최종소비자에게 그 차이점을 일깨워주었다. 바로 최종소비자들이 인텔 칩을 선호하도록 만든 것이다. 결국 컴퓨터 제조업체들이 '최종소비자들이 원하는' 인텔 칩을 장착할 수밖에 없는 상황으로 몰아갔다. 그 결과 인텔은 관련 특허 라이선스의 로열티 수입이 대폭 증가하는 대박을 터뜨렸다.

특허 브랜딩을
지속 발전시켜라

제품의 브랜드 가치를 의심하는 사람은 별로 없다. 일개 탄산음료수에 지나지 않는, 코카콜라의 가치는 약 725억 달러다. 전 세계에서 가장 가치가 높은 브랜드다. 브랜드는 소비자의 결정을 단순화시키고, 더 나아가서 소비자를 지속적으로 충성하게 만든다. 기업에게는 지속적으로 상품을 사게 하는 소비자의 충성심을 강화시키는 명성과 인지도, 즉 브랜드보다 중요한 것은 없다. 결국 브랜드는 제품의 판매자와 구매자의 커뮤니케이션을 발전시켜서 그 가치를 만드는 것이다.

이와 같은 맥락에서 기업의 경영진과 투자자들은 투자를 많이 한 특허의 가치가 기업의 가치에 반영되도록 최대한 노력해야 한다. 특허는 관련 기술이 연구개발을 통해서 탄생되고 또 다시 제조와 출시를 거쳐 시장에서 가치를 인정받아, 기업의 가치에 반영되어야 비로소 가치가 증명된다. 따라서 특허의 성과나 전략을 회사의 가치에 반영시키기가 매우 어렵다. 또한 특허의 가치가 시장에서 잘 보호되지 않을 경우 특허가 침해될 수 있어 특허는 물론 이를 소유한 기업의 가치도 평가절하될 수 있다.

그러므로 브랜드화된 특허(특허 브랜딩branding)와 회사의 명성은 특허 브랜딩을 전략적으로 잘 운영해야 지속 발전할 수 있다. 이는 기업이 대중과 효과적인 방법으로 지속적으로 소통해야 가능하다. 이해하기 힘든 특허기술을 소비자가 쉽게 구분할 수 있게 단순화해야 한다. 이것이 브랜드화다. 브랜드화된 특허는 '코카콜라' 브랜드와 같이 관련 제품과 분리되어 특허 그 자체로 가치가 있다. 더 나아가서 관련 제품은 그 특허를 사용했다는 사실만으로 소비자에게 '품질 승인'을 받는다.

미국 증시에 상장된 업체들의 브랜드 친숙도와 선호도 순위를 매년 발표하는 미국의 코퍼레이트 브랜딩 LLC^{Corporate Branding LLC}에 따르면 이제는 글로벌 특허 맹주가 된 마이크로소프트가 브랜드 친숙도와 선호도 1위이고, 그 뒤를 코카콜라와 월트 디즈니가 따른다. 또한 미국에서 가장 가치 있는 브랜드 톱 15 중에 마이크로소프트와 다른 기술기업들인 IBM, GE, 휴렛 팩커드^{Hewlett-Packard}, 시스코^{Cisco}가 차지하고 있다. 이는 특허 최강국인 미국에서도 특허 브랜딩의 중요성을 보여주는 증거다.

브랜드만으로도 유명한 세계적인 제품은 생각보다 많이 특허의 보호를 받고 있다. P&G의 대표 제품인 타이드^{Tide®} 세탁제는 18개의 특허로 보호받고 있고, 크로락스^{Clorox}의 변기·욕조 세척제인 소프트 스크럽^{SoftScrub®}은 4개의 특허를, 킴벌리─클라크^{Kimberly-Clark}의 일회용 기저귀인 하기스^{Huggies®}는 25개의 특허를 실시한 제품이다. 또한 〈도표 2〉에서 볼 수 있듯이 미국의 특허 브랜딩은 과학이나 기술로 생산된 소비재에만 국한되지 않는다.

결국 특허 집약 기업도 특허 브랜딩이 필요한데, 특허 브랜딩 전략은 어찌 보면 너무도 단순한 4개의 질문에서부터 시작한다.

<도표 2> 회사별 특허 수

회사명	소유한 미국 기술 특허 수	소유한 미국 디자인 특허 수	주요 제품
시티뱅크(CitiBank)	29	0	금융
필립모리스(Phillip Morris)	320	24	담배
네슬레(Nestle)	635	19	커피, 음료
월트 디즈니(Walt Disney)	88	22	엔터테인먼트
코카콜라(Coca Cola)	250	119	음료
펩시콜라(PepsiCo)	51	12	음료
맥도날드(McDonalds)	0	1	패스트푸드
앤하이저부시(Anheuser-Busch)	10	4	맥주
H.J. 하인즈(H.J. Heinz)	4	0	케첩, 조미료
나이키(Nike)	67	970	스포츠 용품
켈로그(Kellogg)	24	7	시리얼, 과자

출처: 2000년 SEC Form 10-K

1. 특허로 공략하려는 시장의 가장 큰 소비자는 누구이고, 그들이 알고 싶어 하는 것이 무엇인가?
2. 이 소비자는 관련 특허를 어떻게 정량화하는가?
3. 브랜드가 전하려는 메시지를 가장 효과적으로 전달하는 최상의 방법은 무엇인가?
4. 특허의 어떤 정보를 공개·비공개할 것인가?

특허 브랜딩 전략 수립방법의 이해를 돕기 위해서 다시 미세먼지 제거와 청소를 함께하는 김발명의 청소기를 예로 들어보자.

김발명 청소기가 공략하려는 시장의 가장 큰 소비자는 당연히 청소기를 사용하는 가정주부다. 아니 김발명 청소기의 특허 실시권을 가진 쿠쿠전자의 주주, 경영진, 고객, 납품업체, 고용인까지 포함할 수 있다. 더 나아가서 김발명 청소기 특허의 실시권을 희망하는 삼성전자와 LG전자, 김발명 청소기 특허를 침해할 생각을 하는 외국의 전자제품 제조업체까지도 김발명 청소기 특허의 소비자다.

이러한 소비자가 김발명 청소기의 특허에 대해서 가장 알고 싶어 하는 것은 김발명 청소기의 특허가 상업적 성공에 얼마만큼 기여를 했는지, 김발명과 쿠쿠전자가 특허, 특히 외국 특허까지 얼마만큼 치밀하게 보호를 하고 있는지다. 특허 전문가라면 김발명 청소기 특허에 대한 궁금증을 특허의 등록상황과 내용을 분석해 충분히 해결할 수 있지만, 대다수의 일반대중은 그렇지가 못하다.

내 발명이 돋보일
기준을 동원하라

현대사회의 소비자들은 구매하려는 제품의 정량화된 정보를 가지고 구매를 결정하는 경향이 있다. 그 한 예로 영화를 볼 때 예매율, 순위, 관람객이나 기자, 평론가들의 평점 등 정량화된 정보를 찾아보고 영화를 선택한다. 그러므로 올바른 특허 브랜딩을 위해서는 정량화된 메시지 전달이 필요한데, 그 방법이 절대 쉽지 않다. 왜냐하면 적절한 자격이 있는 제3의 전문가가 해당 특허를 가치평가하기 전에는 특허 자체를 정량화할 방법이 없고, 아직까지 국내외적으로 공인된 전문가가 없기 때문이다. 또한 업계에 따라서 특허를 정량화하는 방법들이 많이 다르기 때문이기도 하다.

예를 들어 연구개발에 엄청난 액수를 투자하는 제약업계는 해당 특허에 투자한 연구개발 총액을 정량화해 정보로 사용한다. 지난 몇 십년간 특허등록이 가장 많은 전자업계에서 일반적으로 정량화된 특허정보는 총 특허 보유량이다. 한편 우수한 특허 브랜딩 전략을 구사하는 외국기업들은 소비자가 자사의 특허를 비교할 수 있는 기준이나 유사 특허들의 통계를 사용하기도 한다. 관련 시장이 형성되지 않은 김발명 청소기 특허의 경우에는 '국내 또는 세계 첫 번째'라는 증거나, 미세먼지로 인한 호흡기 환자수의 증가율 등을 자료로 사용할 수 있을 것이다. 쿠쿠전자가 그동안 가전제품 사업에서 얼마나 성공적이었는지, 그런 기업이 왜 미세먼지 제거와 청소를 같이 할 수 있는 청소기를 개발·판매하는지 강조할 수 있는 기준을 사용해야 효과적이다. 김발명 청소기는 아직 시장에서 검증되지 않아 기준이 없기 때문이다.

또한 특허 포트폴리오의 실적과 명성, 특허가 언급된 기사나 학술지, 특허재등록 기록, 외국 특허등록 현황, 본인 발명기술을 특허청에서 새로운 분류로 추가한 사실, 연구개발 예산집행 현황, 본인 특허로 관련 업계가 변한 추이, 타사와 비교해 특허전략의 우수성, '최첨단 연구개발' 'IP 리더십' 같은 모호한 용어를 정량화할 수 있는 자료 등 본인 특허의 가치를 가늠할 수 있는 것들을 기준으로 사용한다. 미국의 유명 투자사인 CHI 리서치^{CHI Research}는 투자를 고려하는 대상 기업의 특허를 평가하는 요소로 다른 특허의 등록 과정에서 인용한 횟수나 과학논문이 인용한 횟수, 관련 시장의 이노베이션 속도를 사용하는데, 이 또한 좋은 특허 정량화 방법이다.

특허가치를
효과적으로 전달하라

특허 브랜딩에서 가장 중요한 것은 이러한 정량화된 특허가치를 어떻게 특허의 소비자에게 가장 효과적으로 전달하느냐다. 가장 쉬운 방법은 연례 주주총회에서 배포하는 재무제표에 포함하거나 언론에 보도자료로 배포하는 것이다. 또한 웹사이트에 올리거나 광고, 제품에 라벨을 붙이는 방법도 있다. 특허 전략을 공개하기보다는 특허청의 특허등록허가 사실, 실시권 또는 매매계약 체결 사실, 특허 관련 조인트벤처 설립 사실, 침해소송에서의 승소, 자사의 특허실시에 관한 뉴스 등을 사용하여 특허 브랜딩을 전달하는 것이 더 효과적이다. 이 중에서 특허 브랜딩을 전달하는 데 가장 좋은 자료는 특허침해소송에서의 승소다. 이를 위해서는 침해소송을 포함한 특허권리를 활발하게 행사해야 한다.

IBM의 특허 브랜딩 전달방법은 조금 달랐다. 새 컴퓨터가 체스 세계 챔피언과 체스 게임을 해서 이겼다는 기사를 관련 특허와 함께 보도자료, 광고, 홈페이지 등에 게재했다. 가수 싸이는 유튜브가 없었으면 '강남스타일'로 세계적인 스타가 될 수 없었다. 같은 맥락에서 최근에 특허 브랜딩 선두 기업들은 짧은 동영상을 유튜브나 페이스북 같은 SNS에 올려 퍼트리는 방법을 애용하고 있다.

특허 브랜딩 전략에서 마지막으로 고려할 요소는 관련 특허의 어느 부분까지 공개할지 범위를 정하는 것이다. 공개할 특허정보는 특허 브랜딩의 정보보다는 당연히 적어야 한다. 특허기술을 완전 공개하면 관련 시장 참여자들이 특허 브랜딩의 가치를 정확하게 판단할 수 있겠지만, 경쟁사가 역설계나 회피설계를 해서 경쟁품을 만들 수도 있다. 그렇다고 모든 중요한 정보를 공개하지 않으면, 성공적으로 브랜딩을 할 수 없다. 연말 회계보고서 등을 통해서 회사나 특허제품에 대한 모든 정보는 이미 다 알고 있는 특허 브랜딩 소비자의 관심을 잡을 수 없기 때문이다.

또한 로열티 금액을 산정하는 방법이나 특허 라이선스의 자세한 조건은 특허권자에게 중요한 영업비밀로 당연히 공개하기 꺼려 한다. 하지만 이런 정보는 이제 막 시작하는 단계인 특허권자에게 투자할 생각을 하는 엔젤투자사나 벤처캐피털에게는 상당히 중요하다. 그래서 특허 브랜딩에서 공개할 특허정보를 고르는 것은 매우 중요하다.

7장

특허 라이선스 로열티로
금융을 일으키다

주식투자 방식 중에 '풋옵션put option'이라는 것이 있다. 풋옵션의 이해를 돕기 위해 예를 들어보자. 지금 현재 5만 원 액면가인 주식을 소유하고 있다고 하자. 1년 뒤 주식의 시가는 6만 5천 원이 되었지만, 아직 이 주식을 팔고 싶지는 않으면서도 향후 주식의 시가가 저하되는 건 막고 싶다. 이를 위해서 특정 매입자와 일정 기간 안에 본인만의 옵션으로 6만 5천 원에 주식을 매각할 수 있지만, 본인이 원하는 시가가 되어도 (무슨 사유인지 상관없이) 다른 매입자에게 매각을 하거나 아니면 계속 유지해도 되는 '꿩 먹고 알 먹는' 계약이 풋옵션이다.

금융상품인 풋옵션의 기본구조를 그대로 가져와 특허 로열티만을 담보로 돈을 빌려주는 특허 로열티 파이낸싱Financing(특허 실시권료 자금 조달)은 아래의 조건들을 충족하는 특허권자에게 해당된다.

- 특허권자는 현재 라이선스를 하고 있는 특허기술을 소유하고 있다.
- 라이선스는 아직 몇 년의 계약기간이 남아 있다.
- 라이선스는 2~3년 전에 체결되었고, 로열티 액수는 계속 상승세다.
- 라이선스한 특허기술이 퇴화 대상이 아니다.
- 투자 관점에서 볼 때 실시권자의 신용등급이 높다.
- 특허권자가 파산을 해도 특허는 보호된다.

로열티 파이낸싱의
시작

특허 로열티 파이낸싱은 말 그대로 특허 라이선스로 들어올 로열티, 즉 미래의 수입을 담보로 금융회사가 돈을 빌려주는 것이다. 이런 특이한 금융상품이 미국에서 발달한 이유는 지난 35년 동안의 미국경제 패러다임 변화에서 찾을 수 있다.

1980년대 소위 정크 본드junk bond라 불리던 소액 하이리스크 하이리턴 채권상품에 천문학적인 돈이 몰렸지만 얼마 안 가서 정크 본드의 실상이 밝혀졌다. 그 이후 PC가 상용화된 1990년대에 새로운 수입원을 창출해야 했던 미국금융권은 컴퓨터와 관련 소프트웨어에 투자하기 시작했다. 하지만 이 시장도 레드오션이 되어갔고 다시 미국금융권은 정보통신기술^{ICT}을 기반으로 한 '새로운 경제'의 간판스타인 닷컴^{dot.com} 사업으로 몰렸다. 그러나 닷컴의 거품이 터지는 데에는 그리 많은 시간이 걸리지 않았다. 그러자 미국금융권은 수입증권^{income securities}와 지식재산권 파생상품^{IP derivatives}으로 양분되었다.

1997년에 지식재산권 파생상품과 관련된 중요한 계약이 체결되었다. 1970년대를 풍미했던 세계적인 로커 데이비드 보위^{David Bowie}가 음반 (저작권) 라이선스 로열티 수입만을 담보로 융자를 받았고, 이로 인해서 보위 본드^{Bowie Bonds}라고 통칭되는 미국의 로열티 파이낸싱 산업이 태동했다.

특별한 수입원이 없는 연구원이나, 사업·연구개발 자금이 필요한 기업, 신용등급이 그리 좋지는 않지만 지식재산권 로열티 수입이 있는 중소기업 또는 개인 발명자에게는 이보다 더 큰 희소식이 없을 것이다. 로열티 파이낸싱은 연구원, 중소기업, 개인 발명자들만 그 수혜 대상자가 아니다. 디즈니^{Disney}, 드림웍스^{DreamWorks}, 유니버설 스투디오^{Universal Studio} 같은 글로벌 미디어 대기업, 캘빈클라인^{Calvin Klein}, GE 캐피털^{GE Capital} 같은 국제적 브랜드 마케팅 회사도 로열티 파이낸싱을 애용한다.

로열티 파이낸싱이
좋은 이유

로열티 파이낸싱에 대한 공통적인 오해가 있다. 바로 로열티 수입을 '매각'한다는 것이다. 실제로는 로열티 파이낸싱 회사의 기대수입(이자수입)보다 로열티 수입이 많으면, 특허권자는 초과액수를 취득하는 구조이라서 특허권자에게 매우 유리한 금융제도다. 이 외에도 로열티 파이낸싱은 일반 융자나 로열티 취득권을 파는 것에 비해 특허권자에게 다른 많은 이점이 있다.

특허 로열티 파이낸싱이 특허권자에게 유리한 이유는 특허권자가 아닌 특허 실시권자의 신용등급으로 판단하여 융자를 결정하기 때문이다. 그 결과 실시권자의 신용등급이 우수하면 특허권자의 신용등급으로는 받을 수 없는 좋은 조건으로 융자를 받을 수 있다.

또한 로열티 파이낸싱은 장기간의 로열티 지불액을 바탕으로 원금을 회수하기 때문에 상환기간이 5~10년 정도로 길고, 일반적으로 이자율이 고정되어 있다. 벤처회사들의 일반적인 투자유치 방법인 지분매각이 아닌 융자이기 때문에 회사 경영권에 지장이 없다. 또 로열티만 담보로 한 융자여서 융자를 상환할 수 없더라도 특허권자의 개인 변제의무가 없는 비소구금융non-recourse debt이다.

게다가 일반 융자를 받을 때 충족해야 하는 채무 대비 자산 비율이나 일정 순이익도 요구하지 않고, 특허권자와 회사의 자금출처도 개의치 않는다. 융자회사의 특허가치에 대한 평가는 회사 전체의

〈도표 3〉 **일반 융자, 로열티 취득권 매각, 로열티 파이낸싱 비교**

	일반 융자	로열티 취득권 매각	로열티 파이낸싱
특허(무효·침해 등)위험	특허권자가 가짐	로열티 취득권 매입자가 가짐	융자액수까지 융자회사에게 위험을 인계
로열티 수입	특허권자가 가짐	특허제품의 실적과 무관한 일시불 선금 수입	융자원금+이자+비용을 초과하는 로열티 수입은 특허권자 소유
경제성	특허제품에 따라 단·장기간 수입	보수적인 예상 로열티를 바탕으로 일시불 선금 수입	융자 대 가치 계산을 바탕으로 선금 수령. 로열티 수입으로 원금과 이자, 비용 상환
특허집행 권리	특허권자가 본인의 능력 한도까지 집행할 수 있음	해당사항 없음	일반적으로 융자회사가 담보 보호와 융자금 회수를 위해서 특허권자 대신 특허를 집행함
조세 혜택	없음. 로열티 수입은 소득세 과세대상	없음. 로열티 취득권 매각은 양도세 과세대상	로열티 수입은 소득세 과세대상. 융자이자는 소득공제 경비 항목

가치평가에도 도움이 되고, 약정한 로열티 수입으로 융자금을 상환하기 때문에 라이선스 특허기술의 퇴화에 대비할 수 있다.

로열티 파이낸싱을
받을 수 있는 조건

로열티 파이낸싱 회사가 실시권자만 보고 무조건 융자를 해주는 것은 아니다. ① 실시권자, ② 특허권자와 실시권자가 맺은 라이선스 계약, ③ 특허기술, ④ 관련 법률과 환경, ⑤ 특허권자 등을 실사하고 결정한다. 이 실사는 다음 장에서 이야기할 벤처캐피털의 투자용 실사와 유사한 부분과 다른 부분이 있다. 특허 로열티만 담보로 하는 로열티 파이낸싱 회사와 지분에 참여하는 벤처캐피털의 목표와 사업 위험을 염두에 두고 생각하면 쉽게 이해할 수 있는 부분이다.

실시권자 실사는 ① 실시권자가 라이선스 특허기술을 실제로 실시하거나 실시할 준비가 되어 있는지, ② 주요사업, 관련 위험, 재무상태, 경영진 등의 다각화와 회사의 신용등급을 중심으로 한다.

특허권자와 실시권자의 계약 실사는 ① 로열티 파이낸싱의 담보가 될 특허 라이선스 계약이 진실로 이 두 개체가 맺은 계약인지, ② 특허권자의 기존 특허 로열티 수입이 (특허권자의 다른 계약이 아닌) 융자담보가 될 계약의 수입인지, ③ 해당 계약의 만기일과 갱신 가능성, ④ 로열티 수입 분배의 순위, ⑤ 해당 계약에 의무나 권리가 있는 제3자가 있을 경우 해당 제3자의 의무나 권리 지속 여부, ⑥ 로열티 미수금이 있는 경우 미수금을 수거할 수 있는 시점과 조건, 예상액수, 그리고 미수금 권리자 신원, ⑦ 계약에 포함된 로열티 외에 기타 수입창출 방법과 가능성 등에 초점을 맞춘다.

특허기술 실사는 ① 해당 특허의 무효·침해·회피설계 가능성과 관련 예산, ② 관련 업계의 혁신 현황과 추세, ③ 시장 수요의 변화(가능성), ④ 특허기술의 퇴화 가능성 등을 심사한다. 특히 유일한 담보인 특허기술이 퇴화할 가능성은 융자회사에게는 가장 큰 위험 중 하나다. ① 해당 특허기술이 관련 시장에 첫 번째로 진입한 기술일 경우, ② 대체(代替) 기술을 개발할 때 경비가 많이 들 경우, ③ 특허권자의 높은 브랜드 인지도, ④ 특허기술을 다른 제품·업계에서 대안으로 사용할 경우, 많은 가산점수를 받는다.

관련 법률과 환경 실사는 ① 해당 특허의 무효·침해 관련 입법제안과 환경(예상) 변화, ② 쟁점특허의 유효기간과 소유권·무효·권리행사 분쟁 여부, ③ 특허제품이 소비자보호법을 저촉하는지, ④ 특허권자·실시권자에게 유치권이 있는지, ⑤ 파산 가능성에 가장 심혈을 기울인다. 또한 마지막 사유로 인해서 미국 특허 로열티 파이낸싱 회사는 '로열티 신탁Trust'을 반드시 요구한다.

특허 로열티 파이낸싱 실사에서 아이러니는 특허권자 실사가 가장 관심을 못 받는다는 사실이다. ① 특허권자가 해당 특허를 실제 소유하는지, ② 라이선스 계약에 특허권자가 향후에도 진행해야 할 의무사항이 있는지, ③ 담보로 제공될 라이선스로 최소 2년 동안 로열티를 수령한 기록 등을 실사한다.

로열티 파이낸싱
거래 과정

특허 로열티 파이낸싱의 과정은 〈도표 4〉에서 볼 수 있듯이 의외로 간단하다. 특허 로열티 파이낸싱은 특허권자가 별도 설립한 로열티 신탁에 특허권을 이양하면서 시작된다. 로열티 신탁에서 특허 라이

<도표 4> **특허 로열티 파이낸싱의 거래과정**

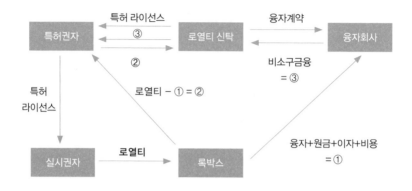

선스를 받은 특허권자는 다시 실시권자와 특허 라이선스를 맺는다.
로열티 신탁은 실시권자와의 특허 라이선스만을 담보로 융자회사
와 비소구금융 계약을 하고, 융자금액은 로열티 신탁을 통해서 특
허권자에게 전달된다.

한편 실시권자는 특허실시 로열티를 록박스Lock Box라는 융자회사가
융자금을 우선 상환할 목적으로 지정한 구좌나 업체에(미국에서는
대부분 변호사들의 에스크로 계정escrow account을 사용한다) 지불하면, 록박
스는 융자원금과 이자, 관련 경비를 융자회사에 우선 지불하고 잔
액을 특허권자에게 전달한다. 그러면 특허권자는 로열티 신탁과의
특허 라이선스 조건에 따라 지급받은 금액을 본인이 사용하거나 로
열티 신탁에 지불한다.

그렇다면 왜 이렇게 우수한 융자 프로그램을 활발하게 활용하지
않을까? 그 주요 이유는 특허권자 회사 내부에 있다. 사내 특허팀은

특허출원과 권리행사에만 집중하고, 특허기술을 발명하는 연구개발 부서는 기본·응용 기술개발과 관련 보상에만 관심이 있다. 일반적으로 정식 기술·공학·특허와 관련된 교육이나 훈련을 받지 않은 사업 부서는 이미 라이선스된 특허기술의 기술적 혜택을 이해하지 못했거나 신경쓰기 싫어 한다.

또한 특허기술의 로열티 파이낸싱을 이용해서 새로운 부가가치나 수입을 창출해 회사의 재정상태를 풍요롭게 하는 데 아무런 아이디어가 없다. 즉, 특허가 회사의 성공에 굉장히 중대한 요소임에는 전적으로 동의하지만, (라이선스 부서를 제외하고는) 특허를 외부자금 유입용으로 개척하는 담당자가 없다는 사실이, 특허권자 회사들이 로열티 파이낸싱을 활발하게 활용하지 못하는 주요 이유다.

8장

벤처캐피털에서
투자를 받으려면

기술과 특허를 통한 부의 축적 과정은 굉장히 단순명료하다. 발명을 하고 특허 등의 지식재산권을 등록한 후에 벤처캐피털의 투자를 받아서 사업을 시작하고 성장시키고 증권시장에 상장하는 것이 처음과 끝이기 때문이다.

이 단계들을 나누어서 깊이 생각해보면 발명과 특허등록은 본인의 지적·경제적 능력으로 얼마든지 수행할 수 있지만, 벤처캐피털에서 투자받는 것은 말은 쉬우나 실제로는 정말 어려운 일이다. 왜냐하면 도대체 벤처캐피털 회사들이 어떤 요소로 투자를 결정하는지 모르기 때문이다.

〈도표 5〉 벤처캐피털의 심사과정

1단계 검토과정

포트 폴리오	지식 자본	경영진	사업모델	재정상태	쟁점기술	경쟁사	영업과 마케팅	투자와 운영구조

2단계 평가과정

지식자본의 시너지 효과	기존 지식자본	임원들의 경력과 경험	기업의 강령	이익률	시제품	관련 시장의 가치	관련 시장의 규모와 성장 추세, 가능성	부채 레버리지
	미래 지식자본	이사진들의 경력과 경험	협업과 동업의 현황과 예상	현금 유동성	기술개발 계획	차별화 전략	주요·타깃 고객	획득전략
	경쟁사의 지식자본	직원들의 경력과 경험	관련 업계의 추세	자금사용의 효율성			외부환경의 영향	위험 요소들
			관련 업계의 전망	가치평가 기준			영업전략	

3단계 실사과정

특허 관련 서류	고용계약 현황과 내용	공급사와의 관계	채무	쟁점기술의 외부검토	관련 업계 소식	고객 관리	재정구조
상표 관련 서류	봉급과 인센티브	공급 계약	납세 현황과 계획			유통망 관리	법적구조
영업비밀 관련 서류	기타 직원 처우 관련 정보		재무제표 감사와 검토				
대(對) 지식재산 위협요소	주요 주주의 신상정보		회사 유·무형 자산 현황				

벤처캐피털의 투자를
받을 수 있을까?

필자가 한국에 온 후에 가장 많이 받은 질문 중 하나가 미국 벤처캐피털의 투자를 유치할 수 있는 방법에 관련한 질문이다. 하지만 미국 벤처캐피털의 투자를 유치하는 일은 특허증서 몇 장으로 해결할 수 있는 문제가 아니다. 〈도표 5〉에 있는 모든 부분을 해당 전문가가 철저하고 완벽하게 준비해서 진행해야만 가능한 일이다.

〈도표 5〉는 굴지의 미국 벤처캐피털 회사가 기술·특허 벤처회사에 엔젤투자를 하기 위해 사용하는 자산 실사과정 차트다. 1단계의 각 박스들은 1차 검토요소의 가장 넓은 카테고리를, 2단계의 박스들은 1차 검토요소 중에서 좀 더 심도 있는 평가가 필요한 조금 좁혀진 카테고리를, 3단계의 박스들은 실제 실사에 필요한 특정 요소를 중점적으로 나열한 것이다. 박스 내용의 대부분은 별도 설명이 필요하지 않을 정도로 뻔하기 때문에 설명이 필요한 내용들만 설명하겠다.

일반적으로 명성 있는 미국 벤처캐피털 회사는 연간 1천여 건의 투자 신청서를 받는다고 한다. 그중에 실질적으로 검토하는 신청서는 100건이 채 못되고, 최종적으로 벤처캐피털 투자를 받는 신청서는 5건에 불과하다고 한다. 즉, 〈도표 5〉의 과정에서 1단계 검토를 받는 확률이 10%이고, 또 이 중의 반이 2단계 평가를 받는다. 그 후 약 15건의 신청서가 마지막 단계인 실사를 받는다.

벤처캐피털 투자의 시작,
1단계 검토과정

1단계 검토는 ① 해당 기술이나 특허가 벤처캐피털에 투자를 신청한 사람의 전문성과 부합하는지 확인할 수 있는 포트폴리오, ② 신청자의 기존·잠정 기술특허, 디자인특허, 브랜드, 도메인 이름, 직원들의 노하우 등 지식자본이 존재하는지, ③ 해당 기술과 특허를 가지고 성공적인 사업을 할 수 있는 경영진, ④ 타사가 이미 특허 등의 지식재산으로 보호하지 않고 있는 독특하고 가능성 있는 투자 신청자의 사업모델, ⑤ 투자 신청자의 현재 재정상태 정보, ⑥ 최소 향후 5년 동안 해당 기술의 특허와 관련한 특허출원 또는 등록할 수 있는 기술을 소유했는지, ⑦ 필연적으로 맞붙게 될 경쟁사에 대한 분석, ⑧ 상품화된 기술·특허의 판매와 마케팅 전략과 계획, ⑨ 투자 신청자와 벤처캐피털과의 지분소유율, 수입분배율과 방법, 책임, 경영의 참여, 출구전략 등 투자와 운영구조, 이렇게 9가지 요소로 진행한다.

한마디로 말해서 미국 벤처캐피털의 투자를 받기 위한 투자 신청서는 최소한 상기 9가지 요소 모두를 포함해야 하고, 매주 약 20건의 투자 신청서를 받는 벤처캐피털 회사가 쉽게 이해할 수 있도록 일목요연하게 정리해야 한다.

벤처캐피털 투자의 중간,
2단계 평가과정

투자 신청서류만 요소별로 검토하는 1단계에 비해서 2단계 평가과정은 별도의 추가정보를 요구하고 평가한다. 일단 신청자가 소유한 지식자산들의 시너지 효과를 평가하고, 해당 기술과 특허는 현재, 미래, 경쟁 기술·특허에 대해 평가한다.

현재 기술과 특허는 ① 청구항을 해석해 시장진입장벽을 즉시 설립할 수 있는지, 독보적인 마켓포지셔닝이 가능한지, ② 해당 특허를 무효시킬 수 있는 선행기술 조사, ③ 연속출원서가 필요한지, ④ ②와 ③에 필요한 예산, ⑤ 특허 이외의 다른 관련 지식재산(특히 브랜드와 도메인 이름) 등이 있는지, ⑥ 특허권 행사에 제한·제약이 되거나 될 수 있는 계약 등에 관해서 평가한다. 특히 ⑥번에 해당하는 특허 무상실시권, 침해 면책권, 이양제한 등은 미국 벤처캐피털의 투자 의욕을 가장 크게 저하시키는 요소다.

미래 기술과 특허 평가는 현재 출원 중이거나 향후 출원 가능한 출원서에 집중하는데, 이러한 별도 특허의 허가가 현재 투자를 고려 중인 기술과 특허의 독점권을 무효·무력·극감시킬 수 있기 때문이다. 또한 신청서의 추정 재무제표에 포함된 미래 특허등록 예산도 예의주시를 하는데, 예산이 급격한 증가추세이면 특허로서 보호할 미래시장이 많다는 뜻이다. 즉, 쟁점 기술과 특허가 관련 기술이 성장하는 시기에 있기 때문에 가치가 평가절하되었다는 이야기다.

반면에 예산 감소추세는 향후 경쟁에 대한 준비가 제대로 되지 않은 것으로 보는 경향이 있다. 미래 기술과 특허 평가에서 다른 주요요소는 그 가치가 있음에도 불구하고 지식재산권의 보호가 미비한 기술들이다.

미국 벤처캐피털 회사들은 진행 중인 연구개발 프로젝트의 검토와, 이런 연구개발을 진행하는 주요 임직원과 향후 특허상품의 마케팅을 담당할 주요 임직원들을 인터뷰해 이런 기술들을 발굴한다. 경쟁 기술과 특허평가는 주로 해당 기술과 특허가 진입하려는 시장의 선도·경쟁 업체들의 지식재산권을 분석하는 데 중점을 둔다. 선도·경쟁 업체들이 현재 소유한 특허를 투자 신청자의 기술과 특허제품이 침해하는지, 침해한다면 이에 대한 분쟁·배상 비용까지 검토한다.

일반적으로 벤처캐피털 회사는 기술이나 특허만으로 회사를 강하게 성장시킬 수 있는 경영전문가들이 투자 신청자의 경영을 담당하기를 원한다. 일반적인 발명자들은 구글의 창업자이자 현 CEO인 래리 페이지Larry Page 같은 발명과 경영의 귀재가 아니기 때문이다. 그래서 규모가 큰 기업을 성공적으로 경영한 경험이나 타깃 업계에 오랜 경험이 있는 전문경영인이 이끄는 경영팀을 선호한다.

벤처캐피털의 투자는 일반적으로 신기술과 전문경영진, 2가지 형태로 이루어진다. 하나는 투자 신청자의 자회사로 신기술을 이전하고 벤처캐피털이 투자를 해서 전문경영진이 경영하는 형태다. 다른 하나는 별도의 특수목적회사SPC를 설립하여 신청자와 벤처캐피털이 조인트벤처로 운영하는 것인데, 일반적으로 미국 벤처캐피털은 이 방법을 선호한다.

기술과 특허의 가치는 법, 재무, 마케팅, 관련 업계, 경제 등 여러 요소들을 복합적으로 사용해서 산출해야 한다. 그래서 그 산출이 쉽지 않다. 특히 기술과 특허의 가치를 경쟁사와 비교할 때는 관련 기술과 특허가 최종 제품의 순이익에 차지하는 부분을 산출하는 것은 물론, 출원 중인 특허의 경우 등록 가능성, 특허기술의 시장침투 정도, 잠정시장에 사용할 수 있는 대체기술이 있는지, 타깃시장이 해당 기술과 특허를 수용할 가능성, 쟁점특허기술의 회피설계 가능성, 특허기술 실시에 필요한 다른 기술의 가치 등을 포함해 산출해야만 한다.

기술과 특허는 관련 정부기관과 업계의 표준(필수)특허 선정기구나 협회의 영향을 받을 수밖에 없다. 이들은 기술과 특허의 가치평가, 즉 벤처캐피털이 투자를 평가하는 데 큰 작용을 한다. 그래서 벤처캐피털은 목표 시장 담당 정부의 조세, 행정, 입법 등 외부요소와 표준기술 기준설립 기구나 협회의 현황과 추세를 꼭 평가한다.

국내 광고매체는 지난 10년 사이에 엄청난 변화를 겪었다. 광고매체시장은 무가지가 일간신문을 대체한 지 얼마 가지 않아서 인터넷이 독식했다. 하지만 모바일기기가 등장하면서 국내 인터넷 광고매체시장의 절대적인 강자인 네이버조차 흔들리고 있다. 그래서 벤처캐피털은 투자 신청자가 선택한 홍보·광고매체를 투자를 결정할 때 중요한 요소로 고려한다.

벤처캐피털 투자의 끝,
3단계 실사과정

전통적인 실사에 속하는 3단계 과정이 되면 미국 벤처캐피털은 투자 의향을 밝히는 제안서를 신청자에게 전달한다. 제안서는 향후 투자 신청자의 의무와 권리를 정하는 법적 서류이기 때문에, 제안서를 받은 투자 신청자는 특허변호사와 다른 전문가를 선임하는 것이 바람직하다.

3단계 실사에 필요한 특허와 상표 서류들은 이미 등록이 완료된 것과 출원 중인 것들을 모두 포함해야 한다. 또한 투자 신청자가 관련 특허와 상표를 이미 사용하고 있는지, 관련 주요 발명자가 투자를 신청한 기업에 현재 재직하고 있는지, 특허와 상표의 실시권 관련 계약서가 있는지, 있다면 그 사본, 특허와 상표의 출원 심사경과 기록 등을 포함해야 한다.

도메인 이름의 사업적 중요성 때문에 Anti Cyber Squatting Act[2]까지 입법한 미국에서 도메인 이름은 상당히 중요한 투자 고려 대상이다. 그러므로 도메인 이름을 등록·구매한 증서와 기존의 유사 도메인 이름들의 목록[3]도 실사를 한다. 태생이 비밀인 영업비밀 서류는

----

2 타인의 상호, 상표와 유사한 도메인 이름을 등록한 목적이 도메인 이름의 소유권을 이전해 보상수익을 노린 것이면, 도메인 이름의 소유권을 순수하게 사업을 하는 타인에게 무상으로 이전시키는 불공정경쟁법의 한 부류다.

3 예를 들어 www.carforsale.com, www.car4sale.com, www.carforsale.net

없기 때문에 관련 서류의 증명은 기존 영업비밀에 관한 회사내규와 직원들이 서명한 비밀유지각서 등을 통해서 할 수 있다.

　순수한 스타트업 벤처회사가 아니면 기존회사는 주주들이 있다. 벤처캐피털 입장에서 기존주주들은 골칫거리에 지나지 않다. 그 이유는 경영진이 회사의 지식재산권을 행사해 수익을 창출하지 못할 경우 경영의 태만을 이유로 보상을 요구하기 때문이다. 소위 "IP wasting"이라는 사유로 주주대표소송derivative suit이 미국, 특히 실리콘밸리에서 증가하고 있다. 그래서 투자 신청자의 대주주나 주요 주주의 신상정보, 회사경영 참여도, 주주대표의 소송경력을 요구하는 벤처캐피털이 늘어나고 있다.

9장

인수합병을 위한
족집게 특허실사

"비즈니스는 전체시장의 일정 부분만을 점유하고 해당 부분에서만 이익을 얻는다. 하지만 특허는 전체시장에 참여한 모든 비즈니스 이익의 일정 부분을 청구해서 전체시장의 이익을 얻는다." 어느 유명한 외국의 특허학자가 한 말이다. 이 말에서 '비즈니스'에 인텔, 퀄컴, MS, 이젠 노키아와 에릭슨까지 막강 글로벌 특허맹주들을 도입하면 쉽게 동의할 수 있는 진리라고 생각한다.

이번 장의 내용은 어쩌면 국내 발명자에게 먼 이야기일 수 있다. 하지만 구글, 애플, MS 등 전세계 IT 공룡뿐 아니라 다음과 카카오톡까지 타사의 특허기술을 취득하기 위한 인수합병M&A; Merges & Acquisitions 은 국내외 무관하게 일어나고 있고, 이 책의 독자들에게도 일어날 수 있다. 또한 주식시장 상장을 위해서 타사와 인수합병이 필요한 발명자들에게는 발명 상업화의 부가가치를 높일 수 있는 정보다.

경영난에 시달린 쿠쿠전자는 중국 가전업체인 화웨이에 인수합병 제안을 받는다. 화웨이가 쿠쿠전자를 인수합병하려는 목적은 매상규모에 비해 엄청난 쿠쿠전자의 지식재산권 포트폴리오다. 인수합병 조건 중 하나는 지식재산권 포트폴리오 검사에 유능하면서도 양사와 무관한 인수합병 전문가에게 실사를 받는 것이다. 한편 쿠쿠전자는 당면한 경영위기만 벗어나면 굳이 인수합병할 생각은 없지만, 글로벌 가전제품 제조업체인 화웨이에 쿠쿠전자의 수출지역을 제외한 지역의 특허 포트폴리오 실시권을 줄 생각은 있었다.

인수합병을 위한
지식재산권 실사

모든 실사는 전체적인 실사 지침과 세부적인 실사 계획의 설립부터 시작한다. 특히 지식재산권이 주요동기인 인수합병의 경우 양사가 인수합병을 하려는 동기의 파악이 지식재산권 실사의 첫 번째 과정이다. 이 과정은 ① 양사의 인수합병 목표 파악, ② 관련된 주요 질문의 개발, ③ 지식재산권 실사팀 구성으로 이루어진다.

화웨이의 목표는 쿠쿠전자의 지식재산권을 취득하는 것이지만, 그들이 생각하는 지식재산권이 특허로 국한되는 것인지 아니면, 쿠쿠전자의 상표, 노하우, 영업비밀, 고객DB, 영업망, 제조기술, 경영정책, 주요 임직원 등 기타 지식재산권을 포함하는지 파악해야 한다. 또한 특허는 기초재료부터 제조과정과 방법, 최종제품 등 여러 기술특허만 포함하는지, 아니면 디자인 특허, 관련 BM(사업방법) 특허까지도 포함하는지 파악해야 한다.

쿠쿠전자의 목표는 특허 포트폴리오를 화웨이에서 라이선스해 수입을 얻는 것이므로 화웨이의 POS 숫자, 유사제품의 연간 판매량과 추세, 예상 시장에서의 선호도, 시장규모, 유사제품의 가격 등 지식재산권 외의 정보들을 파악해야 한다. 또 예상 로열티 금액을 산정하기 위해서는 유사제품의 로열티 금액을 조사해야 한다.

인수합병시
주요 질문

정확한 특허실사 목표가 정립되면, 이 목표를 성취하는 데 필요한 또 다른 주요 질문을 해야 한다. 화웨이는 ① 쿠쿠전자 특허가 화웨이의 제품, 서비스 또는 과정에 순조롭게 적용할 수 있는지, ② 쿠쿠전자 특허가 화웨이 제품의 품질이나 시장성에 미치는 영향, ③ 쿠쿠전자 특허의 가치를 저하시키는 경쟁사의 어떠한 행위나 계획, ④ 화웨이가 현재 제조하는 다른 제품에 쿠쿠전자 특허를 적용할 수 있는지, ⑤ 쿠쿠전자 특허를 적용할 수 있는 범위와 타 특허를 침해하는지, ⑥ 쿠쿠전자 특허를 제3자에게 라이선스할 수 있는지, ⑦ 쿠쿠전자와 화웨이의 경쟁사들이 차세대 제품을 개발(진행)하고 있는지, 이들이 쿠쿠전자의 특허가치를 저하시킬 다른 지식재산권을 소유하고 있는지, ⑧ 쿠쿠전자 특허를 화웨이가 실시하는 데 필수적인 엔지니어나 제조 인원이 쿠쿠전자에 근무하고 있는지, ⑨ 쿠쿠전자가 화웨이의 인수합병 목표·전략을 재정립해야 할 정도로 중요한 비 특허 지식재산권을 소유하고 있는지, 이런 비 특허 지식재산권이 쿠쿠전자 특허가치를 하락시킬 경우 해당 지식재산권을 별도로 매각할 가능성과 예상 매각액수와 경비, ⑩ 쿠쿠전자 특허가 화웨이의 '옳은 문제^{right problem}'[4]를 해결하는 데 최고기술인지, 다른 더 좋은 또는 저렴한 기술이 있는지, ⑪ 쿠쿠전자 특허의 무효심판, 침해소송, 기존 라이선스 등 화웨이가 떠 맡아야 할 쟁점과 책임, ⑫ 위의 질문들이 인수합병 등 관련 거래에 어떠한 영향을 미치는지 등을 질문해야 한다.

반면에 쿠쿠전자는 ① 특허를 매각한 결과가 미치는 경영·법적

---

4 '옳은 문제'에 대한 자세한 설명은 2부의 10장 '대박 발명 아이디어 발굴하기'에서 찾을 수 있다.

영향 등에 대한 확실한 이해, ② 매각할 특허를 쿠쿠전자의 자회사나 부서가 사업적 비교 우위용 또는 침해공격 방어용으로 활용하고 있거나 활용해야 할 가능성, ③ 쿠쿠전자의 자회사나 부서가 특허매각 계획을 인지하고 있는지, ④ 화웨이의 비 경쟁사에게 특허를 라이선스할 기회가 있는지, ⑤ 화웨이의 모회사·자회사나 부서가 쿠쿠전자 특허를 현재 사용 또는 사용할 가능성이 있는지, ⑥ 인수합병으로 화웨이에게 이전될 쿠쿠전자의 주요 임직원 등 비 지식재산권 무형자산들과 가치, ⑦ 쿠쿠전자가 계속 보유하거나 소유할 특허를 제3자에게 라이선스하는 것이 화웨이에게 매각하는 것보다 쿠쿠전자의 모회사와 주주에게 더 많은 혜택이 있는지, ⑧ 쿠쿠전자 주주들에게 쿠쿠전자 매각 관련 법적 책임(가능성)이 있는지, ⑨ 기존 라이선스 계약을 비롯한 매각할 특허와 관련된 법적 책임 등을 질문해야 한다.

지식재산권
경영문화 실사

인수합병을 위한 지식재산권 실사의 다음 단계는 당 회사들의 지식재산권 경영문화에 관한 것이다. 이것의 필요성과 중요성에 대해서 애플과 구글의 예를 들어 설명하고자 한다.

　양사의 지식재산권 경영문화 차이는 사옥에서도 쉽게 찾을 수 있다. 거대한 도너츠를 연상시키는 애플의 사옥은 그 중심축에 CEO, CTO, CIPO 등 주요 경영진들이 자리 잡고 있다. 애플은 전형적인 하향식의 지식재산권 경영문화인데, 고 스티브 잡스는 아이폰의 기본발상부터 출시 프리젠테이션까지 모두 관리·감독했다. 한편 구글의 사옥은 일반적인 미국대학 캠퍼스를 옮겨놓은 것 같은데, 자유로운 발상을 권장하는 대학의 지식재산권 경영문화를 지향하고 있다.

만약 애플과 구글이 지식재산권의 합병을 목적으로 인수합병을 한다면, 당연히 합병된 지식재산권의 경영은 순탄할 수가 없다. 그러므로 지식재산권 포트폴리오를 취득할 목적으로 쿠쿠전자를 인수하려는 화웨이에게 지식재산권 경영문화 실사는 당연히 중요할 수밖에 없다. 쿠쿠전자도 회사매각으로 목표를 전환할 경우 양사의 지식재산권 경영문화가 잘 조화되어서 화웨이에 시너지가 있다는 것을 증명해야 더 높은 매매가격을 받을 수 있다.

지식재산권 경영문화 실사를 할 때 몇 가지 확인해야 할 점이 있는데, 첫째는 매출 대비 기술의 중요도에 대한 양사의 견해다. 애플은 프리미엄 기술을 탑재한 고품질 고가의 모바일기기만 고집하고, 철저하게 오프라인으로만 판매한다. 하지만 이젠 글로벌 스마트폰 제조사 3위인 중국의 샤오미는 대놓고 애플과 삼성의 모바일기기를 표절하면서 제조원가와 유통경비를 최소화하기 위해서 온라인 판매만을 한다. 애플과 샤오미가 인수합병을 한다면 지식재산권 경영 결과는 불 보듯 뻔하다.

둘째, 양사의 지식재산권 개발, 취득, 집행 방법에 대한 검토가 필요하다. 기존에 존재하지 않던 기술과 디자인을 창조해서 관련 지식재산권을 취득하는 애플과, 기술과 디자인 모두 가짜 애플을 생산하는 샤오미의 지식재산권 경영문화는 공존할 수 없다.

셋째, 양사의 지식재산권 경영문화가 이상적으로 맞물려서 성공적으로 협업할 수 있는지 살펴야 한다. 예를 들어 말하면 새로 탄생한 애플–샤오미의 병합된 지식재산권 경영문화가 최근에 급성장한 샤오미의 성장속도를 지원을 할 수 있는지를 확인해봐야 한다는 것이다. 이 쟁점은 지식재산권 실사의 범위와 심도 결정에 상당한 영향을 미치는데, 양사의 지식재산권 경영문화 차이가 크면 클수록 성공적인 병합이 힘들다. 그래서 이를 해결할 방법까지 제시해야 하는 지식재산권 실사가 더 심화될 수밖에 없다.

인수합병을 위한
지식재산권 목록 만들기

인수합병을 위한 지식재산권 실사의 다음 단계는 지식재산권 목록 만들기와 검토다. 이 단계는 크게 ① 합병될 지식재산권 목록 작성, ② 지식재산권 행사를 제한할 수 있는 합의·계약 조사, ③ 기타 무형자산과 지적자본intellectual assets 조사로 구성된다. 합병될 지식재산권 목록을 작성해야 하는 이유는 삼척동자도 알고 있기에 생략한다.

목록 작성에 가장 중요한 포인트는 해당 지식재산권의 유효성과 집행권은 반드시 (증서가 있는 지식재산권일 경우에) 증서를 반드시 검토해야 한다는 것이다.

파산선고를 한 TSA^{Tracker Software Australia}의 커넥시온^{Connexion}이라는 연락망 관리 소프트웨어 특허를 맥시마이저^{Maximizer}가 인수를 했다. 하지만 얼마 후 TSA의 모회사인 TSI^{Tracker Software International}이 쟁점특허의 실소유권자라면서 특허매입을 무효로 하지 않으면 제소하겠다고 경고했다. 그제서야 특허청에 실소유자를 확인한 맥시마이저는 결국 해당 특허를 포기해야만 했다.[5]

지식재산권 목록 작성시 또 하나 주의점은 등록이나 특정 법적 요구사항이 없는 지식재산권도 포함해야 한다는 것이다. 그 예로 현재 진행 중인 연구개발 프로젝트, 영업비밀, 노하우 등이 있는데, 이런 지식재산권을 발견하는 가장 효과적인 방법은 주요 임직원을 인터뷰하는 것이다. 연구개발 담당자와의 인터뷰는 특허출원 대상인 새 발명을, 마케팅 담당자와의 인터뷰는 새 상표를 취득할 필요성을 일깨울 수 있다. 또한 고객 계약서, 사내 메모, 사업계획, 시스템 디자인 등을 검토하면 등록하지 않았거나 등록할 필요는 없지만 어떠한 방법으로건 보호가 필요한 지식재산권을 발굴할 수 있다.

---

5 William Boei, "Maximizer Disputes Notion Purchase Might Be Reversed," Vancouver Sun, June 17, 1997, p.D2

지식재산권
행사의 제한

세인트 주드 메디컬St. Jude Medical은 관련 시장에서 주도권을 잡기 위해서 이식형 심박조율기implantable cardiac pacemaker 특허를 소유한 벤트릭텍스Ventritex를 3억 6,500만 달러에 매입한다. 하지만 해당 기술이 다른 특허를 침해해 1억 4천만 달러 배상과 함께, 관련 계약서의 조항에 따라 세인트 주드 메디컬의 실시권은 불허 판결을 받았다.[6]

지식재산권 행사의 제한은 인수합병에서 가장 중대한 요소 중 하나다. 특히 합의서·계약서가 포함하고 있는 고지, 보증, 면책, 대학·정부와의 합의, 지식재산권 이양 또는 지식재산권 활용지역 등의 제한, 경쟁제한 등은 추가적인 위험 신호다. 또한 업종이 다른 회사들이 빈번하게 조인트벤처나 한시적 협업을 하고, 지역적 한계가 없는 인터넷 관련 사업이 급팽창한 현재 산업구조에서, 관련 지식재산권을 행사하는 데 제한이 있는 경우가 늘어날 수밖에 없다.

기타 무형자산은 지식재산권으로 법적 보호를 받지는 못하지만 어떤 표기화·문서화를 통해서 적용·이전할 수 있는 것을 말한다. 예를 들어 특허출원 불가 항목인 공식, 과정, 자연발생물, 진행 중인 연구개발, 제조·사업 노하우 등이 이에 속한다. 지적자본은 임

---

6 Jury Verdict Announced in St. Jude Medical Patent Lawsuit. St. Jude Medical Inc., press release, July 3, 2001.

직원의 창의력, 사내조직의 단결력과 문화, 영업망, 사내 IT 기술력 등 표기화 또는 문서화할 수 없는 무형의 가치를 이야기한다.

조사·검토에 전방위적
분석이 필요하다

지식재산권 실사의 백미는 당연히 해당 특허 청구항의 범위와 침해 피의품 조사, 특허무효가 될 수 있는 선행기술 조사와 무효 가능성 조사, 특허보정 또는 재발행, 파생기술의 연속출원 등이다. 이 부분은 관련 전문가들만이 할 수 있는 업무이기 때문에 관련 설명은 생략한다. 그 대신 관련된 2가지 주의점을 언급하고자 한다.

첫째, 이 단계가 되면 인수합병 목적과 관련 지식재산권 목록이 명확해져 있어야 한다. 그래야만 인수합병을 위한 지식재산권 매입과 매각이라는 최종목표를 취득할 수 있기 때문이다.

구글이 모빌리티를 인수한 목적은 모빌리티 특허를 활용해 안드로이드 OS 생태계를 보존하기 위해서다. 하지만 안드로이드 기반 모바일기기 제조사들 대다수가 애플, MS, 노키아 등 비 안드로이드 OS 특허권자들과 지난 수년간 일련의 특허 라이선싱을 체결했다. 이는 구글이 모빌리티를 인수해 달성하려 했던 목적을 취득하지 못했다는 사실을 반증한다. 즉, 인수합병 목적과 매입한 지식재산권이 전혀 무관할 수도 있다. 이를 피하기 위해서는 지식재산권을 실사할 때 늘 인수합병 목적을 상기하면서 임해야 한다.

둘째, 지식재산권 경영의 위험은 인수합병 당사자들에게만 국한되지 않는다. 김발명의 진공청소기로 관련 시장에서 주도권을 뺏긴 삼성전자나 LG전자는 자사의 특허를 김발명 청소기가 침해했음을 알지만 김발명 청소기 매상이 상당액이 될 때까지 기다릴 수 있다. 하지만 부유한 화웨이가 쿠쿠전자를 인수하면 삼성전자나 LG전자는 관련 특허분쟁을 일으킬 것이다. 즉, 인수합병을 위한 지식재산권 실사는 양사의 지식재산권뿐만 아니라, 양사의 경쟁사들이 소유한 지식재산권도 반드시 검토해야 한다.

또한 경쟁사가 아닌 제3사가 소유한 관련 시장 진입장벽인 지식재산권, 개량특허, 기술퇴화, 영업비밀, 회피기술 등도 조사·분석해야 한다. 이를 위해서 관련 잡지와 간행물, 인터넷, 관련 업계 컨설턴트의 보고서, 업계조사 과제물, 업계 출판물, 경쟁사와 관련 업종사의 연례 보고서 등 전방위적인 분석^{landscape analysis}이 필요하다.

또한 정부규제(제안)도 검토해야 하는데 지식재산권 관련 조세, 관련 업계 규제, 관련 제품과 기술표준 등은 물론, MS의 노키아 인수와 같은 대규모 인수합병에 포함된 지식재산권 관련 독점금지와 불공정경쟁 규제까지도 검토해야 한다. 아울러서 전자기술 표준을 정하는 IEEE^{Institute of Electrical and Electronics Engineers} 같은 표준책정기구의 동향과 추세도 전방위적 분석에 포함해야 한다.

10장
대박 발명
아이디어 발굴하기

글로벌 배송회사들이 전 세계 어디든지 익일배송 서비스를 제공하자, 페덱스Federal Express는 고객이 본인 물품의 배송상황을 인터넷으로 실시간 추적할 수 있는 시스템을 제공했고, 그 결과 최고 경쟁사 중 하나인 DHL을 인수했다.

핸드헬드hand-held 게임기를 만드는 미국의 타이거 일렉트로닉스Tiger Electronics는 1998년 성탄절 쇼핑시즌에 햄스터와 올빼미를 혼합한 외형에 24개의 언어를 구사할 수 있는 인형 퍼비Furby를 출시했다. 이후 3년 동안 4천만 개의 퍼비를 판매하는 기염을 토했고, 퍼비는 현재까지도 전 세계 장난감 시장에서 상당한 수요가 있다.

아메리칸 항공AA: American Airlines은 예약 시스템인 SABRESemi-automated Business

Research Environment를 개발했다. 이를 통해 현재 전 세계 여행예약시장의 40% 이상을 점유하고 연 750억 달러의 매상을 올리고 있다.

라스베이거스, 애틀랜틱시티 등 미국의 도박산업 메카 도시들에 21개의 카지노와 미국 전역에서 선상도박장을 운영하고 있는 하라스 엔터테인먼트Harrah's Entertainment는 1998년에 '고객 인식 시스템과 방법national customer recognition system and method'이라는 특허를 취득하는데, 이는 하라스가 고객등급 DB를 사용해서 자사의 카지노를 방문한 단골고객들에게 차등해서 무료 음식과 숙박을 제공하는 것이다. 이를 통해 하라스는 미국 카지노 업계에 독보적인 1위 기업으로 급성장했다.

대박 아이디어가
대박이 난 이유

위의 회사들은 어떤 계기로 이런 대박 아이디어를 냈을까? 이 질문의 대답은 의외로 간단하다.

택배를 보낸 사람이 가장 궁금해 하는 것은 보낸 물건이 약속한 시간 안에 약속한 장소로 가고 있는지다. 이러한 궁금증을 해결해준 것이 페덱스의 인터넷 기반 실시간 추적시스템이다. 페덱스는 배송안심서비스에 이 시스템을 더해 고객에게 큰 만족을 주었다.

퍼비는 이전에 존재했던 수많은 캐릭터 장난감에 지나지 않지만, 장난감을 가지고 노는 아동들이 좋아하는 상호작용 기능을 포함한 첫 가정용 로봇 장난감이다. 또한 퍼비만의 언어인 '퍼비쉬Furbish' 배우기 기능은 퍼비를 가지고 노는 아동들이 부모의 언어를 배우는 것과 동일하다. 아동들이 좋아하고 원하는 친숙한 놀이를 포함한 것이 성공의 커다란 요인이다.

SABRE 출시 이전 여행객들은 여행사를 통해야만 비행기표를 사고, 바꾸고, 장거리나 외국에 위치한 호텔이나 렌터카를 예약하고, 변경할 수 있었다. 하지만 여행객들은 탈 비행기, 묵을 호텔, 사용할 렌터카를 수시로 바꾸고 싶어 했다. 여행객들이 자신이 원하는 것을 편한 시간에 스스로 할 수 있게 해준 것이 SABRE이다.

재력가보다는 사회에서 대접이나 인정을 받지 못하는 계층이 주로 도박을 즐긴다고 한다. 그들이 카지노에 가는 첫째 이유는 당연히 대박의 요행수이지만, 다른 중요한 이유는 사회에서 받지 못하는 대접과 인정을 카지노에서는 단골이라는 이유로 융숭하게 받는 것이라고 한다. 이러한 도박꾼들의 갈증을 충족시켜준 것이 하라스의 차등고객 무료접대 서비스다.

연구개발이 미는,
마케팅이 끄는

배송 추적시스템, 언어를 배울 수 있는 전자 캐릭터 장난감, 하나의 인터넷 사이트에서 비행기, 숙소, 렌터카를 수시로 예약하고 변경

〈도표 6〉 '연구개발이 미는' 아이디어와 '마케팅이 끄는' 아이디어

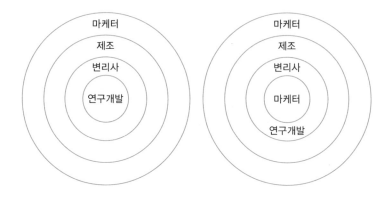

할 수 있는 시스템, 카지노의 차등고객 무료접대 서비스…. 도대체 공통점이라곤 하나도 없어 보이는 대박 아이디어들이지만, 유일한 공통점이 하나 있다. 그것은 바로 '연구개발이 미는R&D push' 아이디어가 아니라 '마케팅이 끄는marketing pull' 아이디어라는 것이다.

그렇다면 연구개발이 미는 아이디어와 마케팅이 끄는 아이디어의 차이점이 무엇일까? 두 아이디어가 나오는 방법의 개념 차이를 이해하기 위해 〈도표 6〉을 보자. 〈도표 6〉의 왼쪽 그림은 전통적인 '연구개발이 미는'형 발명의 출시과정이다. 연구개발에서 신기술을 만들면, 이를 변리사가 지식재산으로 보호하고, 생산부서에서 제품을 개발하고 나면 마케터가 제품을 홍보하고 판매한다. 이에 반해 오른쪽의 '마케팅이 끄는'형은 처음 시작을 마케터가 한다.

여기서 중요한 사실은 발명, 특히 대박을 터트리는 특허·발명은 '옳은 문제'를 해결해야 한다는 것이다. 해결할 옳은 문제는 기술개

발이나 차세대 제품의 속도나 크기, 기능의 비약적인 발전이 아니다. 왜냐하면 이런 새로운 기술개발이나 비약적인 속도, 크기, 기능의 발전이 반드시 대박을 터트리는 것은 아니기 때문이다.

옳은 문제를
해결하라

먼지봉투 없는 진공청소기를 발명한 제임스 다이슨James Dyson이 해결하려고 했던 문제는 먼지들이 진공청소기 먼지봉투의 미세구멍을 막아 생기는 흡입력 저하였다. 다이슨은 이 문제를 해결할 방법을 제재소에서 찾았다. 제재소는 공기와 톱밥을 분리하는 데 사이클론 (회오리바람) 원리를 이용한다. 다이슨은 먼지봉투를 깔때기 형태의 실린더로 바꿨다. 진공청소기로 흡입된 공기와 먼지가 실린더를 통과하면서 가속으로 돌아서 결국 큰 중력을 받은 먼지 알갱이가 실린더 끝에 있는 먼지통에 모이게 하는 새로운 진공청소기를 발명한 것이다. 이 청소기는 1993년 출시 18개월 만에 영국 진공청소기 시장을 석권한다.

이렇듯 '옳은 문제'를 해결하는 특허·발명이라야만 대박 상품이 되는데, 옳은 문제를 발견할 담당자를 찾는 것이 중요하다. 새로 개발한 기술과 제품을 시장이 원하는지도 모르면서 개발을 해야 하는 연구개발 부서는 옳은 문제의 발견과는 거리가 있다. 옳은 문제 발견자는 그런 문제가 있다는 걸 이미 인지하고 있고, 문제를 해결한 특허·발명을 구입하고 사용하는 데 합당한 가격을 지불할 소비자들이 적임자다. 하지만 모르는 소비자들을 모아서 기업의 신기술과 제품을 개발하기 위해 옳은 문제 발견자로 활용한다는 것은 현실성이 없다. 그 대신에 소비자들이 인지한 문제와 합리적인 가격에 대해서 가장 잘 파악하고 있는 마케터를 활용하는 것이 차선책이다.

하지만 마케터만으로 마케팅이 끄는 발명 아이디어를 찾아내기란 힘들다. 왜냐하면 마케터들은 옳은 문제를 발견하는 데에는 전문가이지만, 기술발전의 전망이나 미래기술 사용 등에 전문가가 아니며, 이런 아이디어와 기술을 보호할 지식재산 보호 전문가도 아니기 때문이다. 또한 마케터들의 한정된 지식과 경험이 자칫 기업의 운명을 좌지우지할 수 있기 때문에 신제품과 기술 관련 모든 분야의 협조가 필요하다. 이런 협조는 회사의 여러 분야 임직원들이 참여하는 발명워크숍과 혁신워크숍을 통해서 얻을 수 있다.

발명워크숍,
특허·발명의 보고

발명워크숍은 글자 그대로 발명 아이디어를 얻기 위한 행사다. 워크숍의 참가자는 연구개발, 영업과 판매, 홍보, 회계와 재정, 법률, 제조 등 회사의 모든 분야를 망라해야 하며, 연령·직급·성별이 고르게 분포되어 있어야 한다. 참가자 수에 제한은 없지만 많을수록 좋고, 진행자 중에는 반드시 특허전문가(변리사)를 포함해야 한다.

워크숍 행사 1주일 전에 워크숍의 주제가 발명 브레인스토밍임을 공지해야 하고, 참가자들에게 회사의 현재 상품에 적용할 수 있는 아이디어는 물론 (가능하다면) 경쟁제품, 보조제품, 대체품, 외부납품까지도 포함하는 아이디어 서너 개를 준비해서 워크숍에 참석하라고 권유해야 한다. 회사는 채택된 아이디어의 포상 방법을 공표하고, 참석자 전원이 변리사가 준비한 발명공개양식 강의를 듣게 해야 한다. 발명공개양식은 단순히 워크숍에서 도출된 아이디어의 서면기재용이므로, 변리사는 특허출원서가 아닌 ① 아이디어의 내용과 사용처, ② 아이디어를 얻은 계기, ③ 아이디어의 주요 부분 정도를 포함해서 준비해야 한다.

워크숍은 관련 공표사항을 말하는 것으로 시작한다. 워크숍 참가자들에게 회사의 현재 상품뿐만 아니라 미래와 틈새 시장을 선점할 수 있는 아이디어를 모두 내달라고 해야 한다. 또한 특허 포트폴리오 구축과 활용에 대한 경영진의 확고한 의지를 전달하는 것이 좋다. 이는 참가자들에게 본인 아이디어가 회사정책에 반영될 것이라는 자부심과 애사심을 자극해서 좀 더 사려 깊게 고민한 참신한 아이디어를 내는 데 동기부여가 된다. 더불어서 변리사는 발명공개양식에 대한 2차 강의를 하되, 특허의 중요성과 시장성, 청구항의 개념에 대해 참가자들에게 주지시킬 필요가 있다.

이후 약 1시간 동안 참가자들에게 본인 아이디어를 발명공개양식에 작성할 시간을 준다. 그다음, 참가자 (시간상으로 가능하다면) 전원이 본인 아이디어를 5분 동안 발표하거나 다른 참가자가 작성한 발명공개양식을 돌려 보게 한다. 그 후에 1차 아이디어에 대한 의견, 정보, 그리고 덧붙일 다른 아이디어를 2차 발명공개양식에 작성하고 워크숍을 마친다.

　　발명워크숍을 온라인에서 성공적으로 운영해오는 회사가 있다. 세계적인 혁신기업 프락토 앤 갬블Proctor & Gamble은 1만 8천여 명의 직원들이 발명 아이디어를 실시간으로 공유할 수 있는 이노베이션넷InnovationNet을 운영한다. 수시로 임직원들의 발명 아이디어와 관련 의견을 모아서 연간 약 3천 개의 특허를 출원하고 있다.

혁신워크숍,
회사의 운명을 결정한다

발명워크숍이 새 제품개발에 필요한 발명 아이디어를 발굴하는 미시경제microeconomics라면, 혁신워크숍은 회사가 장기적으로 추진할 연구개발, 마케팅, 기술경영 등을 모두 아우르는 거시경제macroeconomics라고 할 수 있다. 혁신워크숍은 구성원부터 다르다. 대략 10여 명 내외의 참가자들은 타깃기술에 대한 풍부한 경험과 노하우가 있는 요직원들로, 미래지향적이고 혁신적인 사고를 하는 과학자, 기술자, 변리사 등으로 구성된다. 정확하게 혁신워크숍의 참가자는 ① 회사의 기

술 관련 제반 지식과 회사의 사업방향을 이해하고 있는 고객 1명, ②
회사의 기술과 과정을 정확하게 이해하고 상상력이 풍부해 회사가
실현할 수 있는 미래전략을 제시할 난상토론 참가자brainstormer 3~4명,
③ 참가자들이 가지고 있는 각자 다른 분야의 기술들을 다른 참가자
들이 이해하는 데 도와주고 워크숍을 원활하게 주도할 수 있는 사회
자 3명, ④ 워크숍에서 도출된 혁신적인 기술들의 정확한 핵심을 기
록하고 관련 도면을 작성할 수 있는 서기technographer 1명, ⑤ 회사의 기
존 기술과 특허정책, 포트폴리오를 잘 이해하고 있고, 도출된 혁신
기술의 특허출원에 대해 아이디어를 제시하고 출원을 담당할 변리
사 1~2명이다.

워크숍의 기간은 이틀이 일반적이고, 장소는 참가자들이 본 업무
에서 격리되어 워크숍에만 총력을 쏟을 수 있도록 선정한다. 혁신
워크숍의 기본목적이 아직 탄생·실현되지 않은 (그래서 실체를 예상
할 수 없는) 미래 발명의 발굴이기 때문에 워크숍의 기본 주제를 결
정하는 데 상당히 고심해야 한다. 그래서 워크숍에 앞서 고객과 사
회자, 변리사가 수개월 전부터 준비해서 다수의 회의를 거쳐 주제
를 정하는 경우가 많다. 워크숍은 고객이 구상한 기술사업 목표, 즉
옳은 문제의 발표로 시작되고, 이후 난상토론 참가자들의 창조적인
토론과 변리사들을 포함한 다른 참가자들의 참여로 진행된다.

미리 생각해온 각자의 발명 아이디어를 발명공개양식에 적는 것
이 대부분인 발명워크숍에 비해서, 회사의 운명이 걸린 미래전략
을 짜야 하는 혁신워크숍에서는 아이디어에 대한 많은 자료와 심화

토론이 필요한 경우가 많다. 그래서 혁신워크숍 장소에는 컴퓨터와 프린터, 넓은 탁자와 화이트보드 등이 비치되어 있다.

혁신워크숍을 애용하는 휴렛 팩커드는 매 혁신워크숍에서 특허 등록까지 하는 미래지향적인 발명을 일반적으로 15~45개 정도 발굴한다고 한다. 이렇게 많은 혁신적인 발명 아이디어들의 특허출원 순서를 정하는 휴렛 팩커드만의 유니크한 방식이 있다. 바로 '100달러 테스트'로, 오늘 100달러가 있다면 워크숍에서 채택된 아이디어 중 어디에 얼마를 사용하겠느냐는 자문자답 형식으로 정한다.

발명워크숍이
옳은 문제를 해결하다

이제는 세계적인 특허괴물인 되어버린 워커디지털^{WD: Walker Digital}은 원래는 소프트웨어 개발회사였다. 어느 날 워커디지털에 한 햄버거 가게의 주인이 팔리지 않아 오랜 시간 가열등 밑에 비치된 햄버거나 감자튀김 등의 음식쓰레기를 줄이는 방법을 문의해왔다. 문의를 받은 워커디지털이 처음 한 일은 요식업에서 산전수전을 다 겪어 성공과 실패담을 공유할 수 있는 요식업자들과 요식업 관련 특허 전문가, 의뢰고객, 임직원 등을 모아서 발명워크숍을 시작한 것이다.

수차례 회의를 거치면서 여러 아이디어가 나왔고, 그중 하나는 동일가격으로 제공하는 음식양을 늘려서 음식쓰레기를 줄이는 것이었다. 하지만 비양심적인 고객이 동일한 가격에 더 많은 음식을 받기 위해 의도적으로 음식을 적게 주문할 수 있고, 그 결과 음식쓰레기는 줄겠지만 순이익이 감소할 수 있다는 중론으로 폐기되었다.

다시 워커디지털의 발명워크숍 참가자들이 주목한 것은 동전을 가지고 다니기 싫어하는 미국인들의 습성이었다. 동전 거스름돈으로 원하는 다른 음식을 사갈 수 있다면, 음식쓰레기를 줄일 수 있을 것이라는 아이디어였다. 예를 들어 햄버거와 음료수 가격이 3.60달러인데 4달러를 낸 손님이 가지고 다니기 귀찮은 동전 0.40달러 거스름돈에 해당하는 감자튀김을 준다는 말이다. 햄버거가게는 음식쓰레기를 줄일 수 있고, (비록 판매정가는 1달러이지만 원가는 0.10달러인) 감자튀김으로 0.40달러의 별도수익을 얻을 수 있고, 고객은 판매정가보다 저렴하게 감자튀김을 살 수 있는 것이다.

하지만 이 아이디어에도 문제가 있었다. 거스름돈의 액수와 적절하게 맞는, 고객이 구입하지 않은 음식을 찾아내서 제안하고 판매하는 일을 단 몇 초 만에 최저임금을 받는 직원이 한다는 것은 패스트푸드 가게의 현실에서는 불가능했다. 그러자 워커디지털은 자사의 전문분야인 컴퓨터, 그것도 햄버거 체인이라면 어디든지 있는 컴퓨터화된 POS시스템에 주목했다. 고객의 거스름돈에 근접하고 고객이 구입하지 않은 다른 음식을 순식간에 계산하고 찾아주는 프로그램을 개발한 것이다. 이 프로그램은 바로 '리테일Retail DNA'이고, 리테일 DNA는 미국 햄버거체인 빅3인 맥도날드, 버거킹, 웬디스뿐만 아니라 전 세계 최대 치킨 체인인 KFC도 사용하고 있다.

3부

내 발명의 해외시장 진출

천연자원도 온화한 기후와 풍경도 없는 대한민국이 글로벌 경제대국으로 성장한 원동력은 우수한 기술과 관련 제품을 발명하는 인재들이다. 이와 더불어서 중요한 원동력이 '수출주도'의 경제구조인데, 그 때문인지 대부분의 국내 발명자들은 본인 특허·발명이 외국시장에서 성공해야만 진정한 성공이라는 일종의 강박관념을 가지고 있다.

특허·발명제품으로 외국시장에서 성공하는 데 가장 큰 진입장벽이자 걸림돌이 있는데, 그건 바로 타업체가 해당 국가에 이미 등록을 해놓은 특허다. 필자는 이러한 외국 특허를 '손바닥으로 하늘 가리기'식으로 의도적으로 외면하고 외국시장에 진입하려 했다가 돈과 시간만 엄청나게 낭비한 국내 중견·중소기업들을 200여 차례나 경험했다. 3부에서는 해외시장 진출에 필요한 특허와 반드시 부딪치게 되는 특허분쟁에 대해 다루고자 한다.

11장

PCT 특허출원
= 국제 특허출원?

본인의 특허·발명으로 외국시장에 진입을 계획하는 발명자는
반드시 외국 특허출원을 먼저 고려하는 것이 현명하다. 대부분의
기술선진국은 관련 발명이 일반대중에게 공개되었으면 특허출원
을 불허하는데, 여기서 일반대중에게 공개는 전시회의 배포용 전단
지, 선 판매·청약, 또는 한국 특허출원까지 포함한다. 그러므로 본
인 발명을 상업화하기 위해 실시권자를 조사하더라도 발명을 공개
하지 않도록 세심하게 주의해야 한다. 국제특허협조협약인 PCT[Patent
Cooperation Treaty]가 있지만, 이는 단지 국가별 특허법 차이로 인해서 외국
특허출원자에게 발생하는 불리와 불편을 개선하기 위한 것이다.

PCT 특허출원 과정
훑어보기

외국 특허에 대한 국내 발명자들의 공통적인 오해 2가지가 있다. 하나는 아직도 미국 변호사를 국제 변호사라고 부르는 사람들이 많듯이, 본인이 국제 특허를 가지고 있다고 하는 사람들이 많다. 하지만 사실은 국제 특허라는 개념조차도 없다. 특허는 해당 특허를 인정해준 나라의 영토 안에서만 유효한 지식재산권이기 때문에, 본인이 20년 동안 시장을 독점하려는 나라에서 특허를 별도로 취득해야 한다.[7] 즉, 미국시장에 진출하려면 미국 특허를, 독일시장에 가려면 독일 특허를 취득해야 한다. 이런 외국 특허는 한반도 휴전선 남쪽에서만 유용한 한국 특허와는 별도로 취득해야만 한다.

두 번째 외국특허에 대한 공통적인 오해는 PCT 출원을 곧 외국 특허등록으로 생각한다는 것이다. 각 나라마다 다른 특허출원법으로 인해서 외국의 발명자에게 특허등록에 관련한 불이익이 있을 수 있다. PCT는 이를 줄이기 위해서 세계지식재산권기구[WIPO] 회원국들이 맺은 조약이다. PCT 관련해서 발명자가 알아야 할 것은 ① 국내 특허출원과 함께 PCT 출원을 하는 것이 가장 이상적이며,[8] ② PCT 출원일부터 12.5개월 되는 시점에는 본인이 특허출원을 하고 싶은

----

7 본 책의 출간시점까지 EU는 통합 EU 특허를 논의하고 있었지만 실현되지는 않았다.

8 PCT 출원은 국내 특허출원 후 1년의 유예기간이 있긴 하지만, 이 경우 제3자가 외국 특허를 먼저 등록하는 경우가 생길 수 있고 외국 특허 소유권에 대한 불필요한 분쟁이 생길 수 있다.

<도표 7> **특허협력조약**

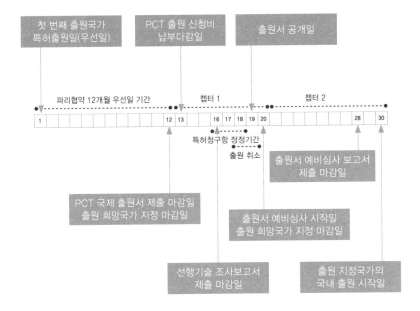

국가를 지정해야 하고, ③ PCT 출원일부터 30개월이 되는 시점에는 실제로 특허출원을 진행할 국가를 선택하여 해당 국가에서 특허출원을 시작해야 한다는 것이다.

PCT는 20개월의 국제단계(PCT에서는 챕터 1)와 10개월의 국내단계(PCT에서는 챕터 2)로 구성되어 있다. 국제단계에서는 특허출원 희망국가를 지정하고 각 지정국가에서 특허·발명의 시장성, 특허출원 가능성과 타당성 등 관련 조사를 할 수 있다. 국내단계는 지정국가들 중에서 실제 출원을 할 국가를 선택하여 해당 국가의 특허출원법에 따라 등록하는 기간이다.

미국시장 진출 실패 사례

필자가 미국에 있었을 때 국내 대학의 공대 교수 2명이 필자를 찾아왔다. 이들은 선박, 비행기 등 밀폐구조물의 균열부분을 레이저로 감지하는 기술을 발명했고 이미 미국 대기업에서 기술이전 제의를 받았다며, 미국 특허출원과 기술이전에 대한 법무업무를 문의했다. 필자가 관련 특허출원을 했는지 묻자 그들은 한국과 국제 특허출원을 했다고 대답했다.

몇 주 후 C교수가 다시 필자를 찾았다. 다른 교수는 한국으로 귀국했고, 본인이 대표로 미국 특허등록과 실시권 계약업무를 맡았다고 말했다. 필자는 이후 1시간 가까이 C교수와 레이저 감지기술에 관해 인터뷰했다. 당시는 미국 특허개혁법[AIA]이 발효되기 전이어서, 미국 특허출원일 1년 전에 쟁점발명을 미국 내에 판매(청약)하거나 외국 특허출원은 미국 특허출원 자격을 박탈할 수 있는 사유였다. 그래서 필자는 기술이전을 원하는 대기업을 포함한 다른 미국업체들과의 판매청약 행위와 한국 특허출원 현황에 대해 집중적으로 질문했다. 또한 C교수가 보여준 PCT 신청접수증이 2년 전임을 발견하고 미국 국내단계에 대한 자료를 요청했다.

C교수의 답변은 미국 내 판매청약 행위와 한국 특허출원 현황에서 모두 미국 특허출원이 불가한 내용이었다. 아직 성사되지도 않은 기술이전 수입의 분배율 때문에 공동발명자들과 수개

월간 싸우다가 다시 필자를 찾은 C교수는 PCT의 미국 국내단계에서 조치를 취한 것이 없다고 말했다. 그렇다고 미국 특허를 등록할 수 있는 개량기술이 있는 것도 아니었다. C교수는 이후 수년 동안 미국 특허도 없이 레이저 감지기술을 다른 미국기업들에게 이전하려 했지만 미국 특허가 없는 기술을 구입하려는 기업은 없었다.

———◆◆◆———

특허등록을 하려는 발명은 새롭고 유용해야 한다. 여기서 말하는 '새로운 발명'이란 새롭지 않은 발명이 어떤 것인지를 규정하고 거기에 해당하는 경우에 새로운 발명이 아니라는 부정적인 정의를 사용한다. 쟁점발명이 출원일 이전에 이미 공지, 공용, 선 판매(청약), 다른 특허나 특허출원서를 포함한 인쇄된 간행물에 서술, 또는 제3자가 특허등록을 했으면 새로운 발명이 아니다.

일반인이 쟁점발명 정보에 접근할 수 있는 가능성만 있어도 쟁점발명은 이미 공지된 것으로 간주한다. 예외사항은 출원인 자신이나 공동발명자가 신청일 1년 이내에 쟁점발명을 논문 등으로 발표한 경우다. 쟁점발명의 완성도를 높이기 위해서 필요한 실험적 사용을 제외한 모든 외부사용은 공용으로 간주한다. 실험적 사용 판단의 가장 중요한 요소는 쟁점발명에 실험이 필요한지, 실험목적, 실험에 대한 발명자의 관리감독과 실험기록이다.

판매(청약)는 전자 브로셔 발송, 홈페이지에 쟁점발명의 게재는 물론 제3자에 불법판매도 포함한다. AIA는 1년 유예기간을 삭제했기 때문에 출원시점 직전 선 판매(청약)도 특허등록 불가사유다. 전통적인 종이신문이 모바일 신문에 자리를 내어준 현실에서 '인쇄된' 간행물은 더 이상 종이에 인쇄된 것을 말하지 않는다. 제3자가 동일한 발명으로 등록한 특허는 미국으로 제한되지 않고 전 세계를 다 포함한다.

발명 상업화의 꽃은 증권시장 상장과 해외시장 진출이라고 해도 과언이 아니다. 특히 기술을 기반으로 하는 수출이 주도하는 우리 기업들의 본질상, 해외시장 진출은 본인 발명의 상업화를 원하는 모든 발명자의 꿈이다. 하지만 모국인 중국 내에서만 삼성과 애플을 그대로 베낀 스마트폰을 판매해 스마트폰 판매에서 세계 3위에 오른 샤오미가 인도시장에 진출하자 마자 에릭슨의 특허공격으로 고초를 겪었듯이, 해당 국가의 특허가 없는 발명제품의 해외시장 진출은 시작도 하기 전에 포기해야 하는 경우가 대부분이다. 이런 불행한 사태를 방지하기 위해서는 앞에서 언급했듯이 국내 특허출원과 함께 PCT 특허출원의 국제단계를 해놓아야 한다. 또한 국내단계가 시작되는 시점을 반드시 기억했다가 만기일 이전에 진출하기로 결정한 국가의 특허출원 국내단계를 반드시 신청해야만 한다.

12장
게임시장에서 일어나는
지식재산권 분쟁

2014년 초부터 국민게임으로 불리는 '애니팡 2'가 영국 '캔디크러쉬사가'를 표절했다는 논란이 심각하다. 두 게임 모두 블록이 3개 이상 모이면 터지면서 사라지는 모바일 퍼즐 게임인데, 애니팡 2의 블록이 4개, 5개 모이면 보너스 점수를 지급하는 방식, 친구들과 점수를 비교하는 기능, 디자인, 시간제한 없이 스테이지를 정리하는 방식 등이 캔디크러쉬사가와 동일하다는 것이다. 또한 애니팡 2에 이어 국내 모바일게임시장을 선도하고 있는 '다같이 차차차'도 일본 소니의 '모두의 스트레스 팍!'의 저작권을 침해했다는 논란이 끊이지 않고 있다.

게임시장의 지식재산권 분쟁은 어제오늘의 일이 아니다. 일본 데

이터 이스트Data East와 미국 캡콤Capcom의 스트리트 파이터Street Fighter 게임의 캐릭터와 배경 분쟁(저작권, 1994)과 일본 세가Sega와 미국 일렉트로닉 아츠Electronic Arts의 크레이지 택시Crazy Taxi 게임의 화살표 내비게이션 분쟁(특허, 2001)에서부터, 블리자드 엔터테인먼트Blizzard Entertainment가 본인의 게임인 월드오브스타크래프트Word of Starcraft의 표절 게임을 유튜브에서 내리게 한 사건(저작권, 2011), 님블비트NimbleBit의 타이니타워Tiny Tower 게임을 글로벌 게임개발사인 징가Zynga가 표절한 사건(저작권, 2011), 지오Xio가 테트리스Tetris의 게임 방식과 캐릭터를 표절한 사건(저작권과 의장, 2012), 일본 아타리Atari가 자사의 배틀존Battlezone 게임을 표절했다는 이유로 벡터탱크Vector Tanks 게임을 애플스토어에서 내리게 한 사건(저작권, 2012), 미국의 아이돌 가수인 저스틴 비버Justin Beiber와 이름이 유사한 저스틴 비버Joustin' Beaver 게임의 초상권 사건(2012), 그리고 국내의 글로벌 게임 개발사인 엔씨소프트NC Soft의 옛 직원들이 설립한 블루홀Bluehole에서 리니지 3의 기술을 유출해 만든 테라Tera 게임 사건(영업비밀, 2012)까지 게임산업의 지식재산권 분쟁은 이슈도 많고 모든 지식재산권 장르를 망라하고 있다.

여기서 문제는 국내 모바일게임 소규모 개발사가 1만 개로 추산되고 있는데 이들은 국제 지식재산권 분쟁에 무방비 상태로 노출되어 있음에도 아무런 관련 대책이 없다는 것이다.

지식재산권을
먼저 취득하라

어떤 시합이건 최고의 수비는 역공격이다. 국내 모바일게임 개발사들이 국제 지식재산권 분쟁을 예방할 수 있는 최상의 대책은 본인들이 제작한 새 게임에 대한 지식재산권'들'을 먼저 취득하여 예상할 수 있는 지식재산권 분쟁을 준비하는 것이다.

그렇다면 새 모바일게임에 어떤 지식재산권을 취득해야 할까? 이 질문에 대답을 하기 위해서는 모바일게임 안에 어떤 새로운 개발들이 들어있는지를 확인해야 한다. 모바일게임은 일반적으로 프로그래밍 코드, 텍스트, 그래픽, 음악과 음향, 캐릭터의 대사, 게임 운영 방식, 게임 이름과 로고, 앱, 아이콘, 그리고 전체적인 게임 아이디어를 포함한다.

게임 이름과 로고는 상표등록 대상이고, 상표는 다른 상표들과 비교해서 구별만 되면 된다. 하지만 유럽국가에서는 상품을 서술하는 상표이거나 경쟁사 상표와 유사하면 등록이 되지 않는다. 상표의 범위가 인터넷 상용으로 인해서 도메인 이름까지로 확장되었기 때문에 도메인 이름을 상표로 등록할지도 고려해야 한다. 또한 그래픽 중에 배경화면 등을 보호할 필요가 있다면 의장등록을 권한다. 스마트폰의 앱 아이콘은 기술적으로는 스마트폰 화면에 띄워 터치하면 관련 프로그램에 직접 연결되는 방식이지만, 실질적으로는 관련 프로그램을 나타내는 일종의 상표이기 때문에 특허와 상표를 모두 등록하는 것이 바람직하다.

기타 지식재산권을 등록하고 소유하는 것에 비해 특허에는 많은 시간과 경비가 소요되기 때문에, 특허출원에 앞서 고려할 점이 있다. 바로 만든 모바일게임이 단기간의 유행인지 장기간의 트렌드인지를 판단하는 것이다. 만약 전자라면 특허등록 이전에 관련 게임을 더이상 보호할 필요가 없을 수 있으니 특허출원을 하지 않거나, 하더라도 임시출원서를 사용하여 우선권을 확보하는 수준이 더 바람직하다. 만약 해당 모바일게임 사용자들의 선호도가 쉽게 낮아질 것이라 예상된다면, 특허출원에 드는 비용을 다음 게임 개발을 위해서 저축하는 것이 더 현명할 수 있다. 앱과 아이콘은 상대적으로 적은 비용이 드는 디자인특허로 보호할 수 있고, 아이콘은 상표로 등록할 수 있다.

저작권으로
모바일게임 보호하기

모바일게임의 프로그래밍 코드, 텍스트, 그래픽, 음악과 음향, 캐릭터 대사들은 모두 저작권 보호대상이다. 저작권은 원 창작물에 특정 유형으로 표현됨과 동시에 기타 등록과정 없이 해당 소유권을 갖는 것이다. 하지만 베끼기가 자주 일어나는 모바일게임시장의 특성상 저작권 등록을 하는 것이 더 유리하다.

새롭고 유용한 아이디어를 20년 동안 독점으로 보장하는 특허와 특정한 방법으로 발현된 표현을 보호하는 저작권은 모바일게임이 개발되기 이전까지 그 영역에 대한 혼돈이 없었다.

1980년대 중반에 개발된 테트리스 게임은 30년이 지난 현재도 모바일게임으로 2억 개가 팔릴 정도로 인기가 높다. 지오는 아이폰에서 다수의 사용자가 동시에 이용할 수 있는 테트리스의 복제품에 가까운 모바일게임 미노^{Mino}를 출시했다. 이에 테트리스 컴퍼니^{The Tetris Company}는 다른 모양의 7개 블록과 컬러, 블록의 방향전환과 낙하, 스크린 최하단에 잠금 방식, 그리고 스크린 배경의 묘사 등 테트리스 게임 14개 요소들의 저작권침해로 지오를 제소했다. 지오는 테트리스 컴퍼니가 주장하는 것은 테트리스 게임의 기능적 요소들이므로 저작권 보호대상이 아니라는 주장을 했다.

본 소송을 심리한 미국법원은 ① 쟁점 프로그램을 전체 개발품에서 추출하여^{Abstraction} ② 저작권 비보호 대상을 여과한^{Filtration} 후에 남은 부분들을 ③ 저작권 침해피의품과 비교하는^{Comparison}, 소위 'AFC 테스트^{Test}'라는 아이디어와 표현, 즉 특허와 저작권 보호대상으로 나누는 이분법 구별기준을 적용했다. 또한 법원은 미노 게임의 '전체적인 느낌과 외관'이 테트리스 게임과 별다른 차별이 없다며 테트리스 컴퍼니의 손을 들어주었다.

국내 모바일게임 개발사는 새 게임의 운영방식을 기존 유사 게임과 AFC 테스트를 적용하여 침해 부분은 제거하고 해당 부분을 새롭게 개발해 저작권을 보호해야 한다. 또한 게임의 표현이 게임의 기능성과 연관이 있다면 특허취득을 고려해야 한다. 이직율이 높은 모바일게임 제조업계의 특성상 영업비밀은 현실적으로 지켜지지 않기 때문에, 지식재산권 보호전략에서 빼는 것이 바람직하다.

모바일게임 개발사의
지식재산권 보호전략

글로벌 모바일게임시장에서 매출 상위 150개 게임의 시장점유율을 보면 일본과 미국이 각각 32%, 29%를, 한국은 8%를 차지하고 있다. 전 세계 구글 플레이스토어 상위 매출 10개 기업 중에 국내기업이 5개가 될 정도로, 글로벌 모바일게임시장을 선도하고 있는 것이다. 현재 전 세계 iOS와 안드로이드OS를 사용하는 사람은 각각 6억 명과 9억 명으로 추산된다. 모바일게임시장과 개발사는 계속 늘어날 것이고, 이로 인한 국내 모바일게임 개발사의 국제 지식재산권 분쟁은 근시일 내에 빅뱅을 할 것이다.

일식 도시락에서 각기 다른 박스에 다른 반찬을 넣듯이, 국내 모바일게임 개발사는 본인이 개발한 각각의 모바일게임 요소들을 각기 다른 지식재산권으로 보호하는 전략을 수립하고 진행해야 할 때가 되었다.

13장
미국 지식재산권 분쟁,
이젠 영업비밀이다!

전 세계의 주목을 받고 있는 삼성전자와 애플의 특허전쟁에 가려져 잊힌 국내기업의 국제 지식재산권 분쟁이 하나 있다. 그것은 슈퍼섬유인 아라미드 제조공법 절도로, 그 시장이 연간 1조 8천억 원 규모다. 9억 2천만 달러 손해배상과 20년간 아라미드 제조금지 명령을 받은 국내기업 코오롱과 관련 세계시장을 46%나 소유한 미국 듀폰dupont의 분쟁이다. 이 분쟁의 지식재산권은 국내기업들에게 잘 알려진 특허가 아닌 영업비밀이다. 판결사유를 보면 경쟁사 임원을 영입했기 때문인데, 국내기업들에게 미칠 파급효과가 클 것으로 전망된다.

코오롱과 듀폰의
영업비밀 소송

코오롱과 듀폰의 지식재산권 분쟁은 30년 전으로 거슬러 올라간다. 코오롱은 KIST의 윤한식 박사가 발명한 제조방식으로 아라미드 생산에 성공해 1979년부터 생산해오고 있었다. 하지만 IMF 이후 실질적으로 아라미드 생산을 중단한 상태였다. 코오롱의 지원을 받은 윤박사는 1985년 미국을 시작으로 영국, 일본, 독일 등 7개국에서 관련 제품의 특허를 등록했다.

코오롱이 아라미드 생산을 재개하자, 듀폰은 코오롱에게 조인트 벤처joint venture를 제안했다. 양사가 합의하자 듀폰은 1986년 유럽특허청EPO에 윤박사의 특허무효 재심사를 신청했다. 결과는 독일 특허의 재승인이었다.

코오롱은 2005년부터 아라미드를 양산하여 관련 세계시장 점유율이 8%(연간 5천 톤)가 되었고, 2006년 미국시장에 입성했다. 듀폰은 아라미드 제조와 마케팅 임원으로 25년간 일했던 마이클 미첼Michael Mitchell을 코오롱이 2007년부터 컨설턴트로 고용해서 영업비밀을 훔쳤다는 사유로, 2009년에 동부 버지니아 연방지방법원에 제소하고 FBI와 미국 법무부에 신고했다.

미첼은 본인의 개인 컴퓨터에 듀폰의 비밀정보를 소장한 사실을 FBI가 발견하자, 영업비밀 절도와 사법집행 방해를 자인하고 18개월 구금형을 받는다. 한편 미 법무부는 코오롱 임원 5명이 영업비밀 절도와 관련이 있는 전자파일 17,811개와 이메일을 불법파기했다는 FBI의 수사결과를 발표했다. 동부 버지니아 연방지방법원의 듀폰 영업비밀 절도 소송담당 로버트 페인[Robert Payne] 판사는 이러한 불법파기는 코오롱이 영업비밀을 부당취득했기 때문이라고 추인할 수 있다고 배심설시(판사가 제시하는 배심원 평결의 가이드라인)를 했고, 이에 배심원들은 2011년에 9억 2천만 달러 영업비밀 절도 손해배상 평결을 했다.

특허 무용론과
영업비밀

코오롱의 본 영업비밀 패소가 왜 국내기업에 미칠 영향이 큰지 이야기하기에 앞서 지난 20여 년 동안 기술발전 속도와 관련 지식재산권의 관계를 보도록 하자.

2007년 첫 출시된 스마트폰이 5년 사이에 4세대가 출시되었다. 아마 기술발명은 1.5년에 한 번씩 세대가 바뀐다는 사실에 이의를 제기할 사람은 없을 것이다. 지난 반세기 동안 국제 지식재산권 분쟁은 대부분 특허에 집중되어 있고, 미국 특허의 경우 평균 출원기간이 23개월 정도다. 즉, 어떤 새로운 발명을 미국 특허로 보호하는데 23개월이 걸린다는 말이다. 다시 말해 어떤 기술발명이 특허로 보호받기 5개월 전에 이미 옛 것이 되어 더 이상 가치가 없게 된다는 뜻이다. 이러한 기술발전과 특허보호의 속도 차이 때문에 기술 기반 기업들은 특허 무용론을 오래전부터 제기했다.

한편 영업비밀은 특허와 달리 별도의 인증기관이 존재하지 않는다. 미국에서 영업비밀은 ① 실제적 또는 잠정적·상업적 가치가 있는 정보를 ② 해당 정보 소유자가 비밀로 지키려는 합리적인 노력만 하면 그 소유를 인정한다. 즉, 영업비밀은 본인의 사업에 관련된 어떠한 정보도 '미국 정서에' 맞는 합리적인 비밀화 노력만 하면, 해당 사업정보를 발상하여 사용한 시점부터 (특허의 20년에 비해) 거의 무한대로 보호를 받을 수 있다. 그렇다면 지식재산권 소유자 입장에서는 특허와 영업비밀 중에 상황만 맞는다면 어느 것을 선택할지는 불 보듯 뻔하다.

UTSA 판례에
주목해야 한다

미국의 특허, 상표, 저작권은 모두 미국연방 성문법이 근본이다. 2006년 미국연방대법원은 이베이[eBay]와 머크익스체인지[MercExchange] 사건에서 특허 소유자가 특허침해로 인한 '회복할 수 없는 피해를 입었다는 것을 증명'하지 못하면 침해자에게 침해금지 명령을 내릴 수 없다는 판례를 만들었고, 이 판례는 연방 성문법에 근거한 상표와 저작권에도 적용이 된다.

이에 반해서 영업비밀은 주(州)법이 근본이고, 뉴욕, 텍사스 등의 몇 개 주를 제외한 47개 주들은 UTSA^{Uniform Trade Secrets Act}라는 일종의 관습법을 채택했다. 그런데 UTSA를 주법으로 채택한 주들은 UTSA를 채택한 다른 주법원의 영업비밀 소송 판례를 균일하게 받아들여야만 하는 일종의 내규가 있다. 이런 UTSA의 내규로 인해서 향후 코오롱과 유사한 영업비밀 절도 소송이 다른 연방지방법원에 제소되어도, 페인 판사의 손해배상과 '회복할 수 없는 피해를 입었다는 증명'이 없어도 '제조금지 명령' 판례를 적용해야만 한다.

미국기업들이 특허가 아닌 영업비밀로 지식재산권을 보호하기를 선호하는 현상과 USTA로 인한 페인 판사의 판결은 국내기업들에게 큰 영향을 미칠 것이라고 예상할 수 있다. 국내기업 중에는 아라미드처럼 특수기술 세계시장에서 미국 선도기업들의 몇 안 되는 경쟁사로 성장한 곳이 많다. 또한 지난 반세기 동안 미국기업들이 이전해준 기술로 더 나은 기술을 만든 국내기업도 많다. 그런데 기술이전 계약이 만료되자 기술이전을 해준 미국기업들이 영업비밀을 훔쳐 더 나은 기술을 개발했다며 관련 소송으로 국내기업들을 위협하고 있다.

기술을 기반으로 하는 국내기업들에게 최악의 사태는 관련 기술제품의 제조·판매금지 명령이다. 그런데 이러한 미국기업의 목적을 이룰 최적방법으로 영업비밀과 '회복할 수 없는 피해를 입었다는 증명' 없이 제조금지 명령을 받을 수 있는 페인 판사의 판례가 생긴 것이다.

영업비밀을 훔쳤는지
판단하는 요소

영업비밀을 훔쳤는지 판단하는 요소 중에 하나는 관련 영업비밀을 부당한 방법으로 취득했는지 아닌지다. 즉, 본인의 연구 등 정당한 방법으로 타사의 영업비밀을 발견하거나 발명하면, 타사의 영업비밀을 부당하게 취득한 것이 아니다.

그런데 텍사스 인스트루먼트Texas Instrument 대 퀄컴Qualcomm (회로설계, 2009), 스타우드 호텔Starwood Hotel 대 힐튼 호텔Hilton Hotel (특급호텔 설계도, 2010), 페이팔PayPal 대 구글Google (eWallet, 2011), MGA 엔터테인먼트MGA Entertainment 대 마텔Mattel (장난감 디자인과 마케팅 계획, 2011) 등 일련의 미국 영업비밀 사건들을 보면, 미국법원들은 이전 직장에서 중요 사업정보를 접할 수 있는 임원이 경쟁사로 이직을 하면 그런 사업정보나 영업비밀을 '필연적'으로 공개할 것이라고 가정하고 유죄판결을 내리고 있다. 또한 영업비밀의 범위는 코오롱의 아라미드 제조공법이나 위에서 언급한 기타 영업비밀 사건들의 정보들뿐만 아니라, 고객정보DB, 마케팅과 가격 선정 데이터, 납품업체 리스트와 납품가격 등 매우 광범위하다.

"사람이 미래다!" 인재등용에는 국내외를 불문하겠다는 국내 대기업이 사용하는 슬로건이다. 하지만 이젠 '미국 지식재산권 분쟁, (사람이) 영업비밀(분쟁의 빌미)이다!'가 더 맞는 것 같다.

14장
특허분쟁의 선전포고,
침해경고장

침해경고장은 특허분쟁의 선전포고다. 선전포고를 받고서 아무런 대응을 하지 않는다는 것은 시작도 안 한 전쟁을 포기하는 것이다. 경고장을 받으면 경고장 요소들이 충족하는지 검토하고 적절한 대응을 준비해야 한다.

경고장은 미국의 경우 특허침해분쟁을 시작하기 전 의무사항이지만, 특허·발명제품이나 포장 또는 홈페이지에 특허(출원)번호를 표기했으면 예외다. 모든 요소들을 충족한 경고장을 무시하고 침해를 지속하면 고의침해로 징벌적 배상 명령을 내리는 근거가 된다.

하지만 경고장은 침해피의자에게 쟁점특허무효 확인 소송의 근거를 제공하고, 침해기간과 무관하게 경고장 접수일 6년 전까지만 손해배상을 하면 된다. 또한 특허권자가 비합리적으로 경고장 발송을 지연하는 경우, 특허권자가 권리집행에 나태했다는 이유로 배상액이 감액되는 근거가 되기도 한다.

💡 침해경고장에 적절하게 대응한 사례

미국 전자제품 전시회에 참가한 고속도로 톨 지불용 단말기 제조사인 국내기업 A사는 관련 미국 특허를 소유한 외국기업 B사에게서 특허침해경고장을 받았다. B사의 경고장에는 본사의 특허 5개만 나열한 채 A사의 어떤 제품이 B사의 특허를 침해했는지 명시하지 않았다. A사의 의뢰를 받은 필자는 특허권자의 의무인 쟁점 미국 특허번호와 청구항, 특정 침해피의품 지정, 침해 내용 명시의 경고장에 필수요소들을 제대로 명기하지 않았음을 지적하는 회신을 보냈다.

하지만 B사는 필자의 회신을 무시하고 다른 미국 특허 2개를 추가한 두 번째 경고장을 보내왔다. 필자는 B사가 나열한 특허 7개의 청구항과 미국 전시회에 전시한 A사의 단말기를 비교해 보니 특허 3개만 침해 가능성이 있어 보였다. 이에 필자는 다시 3개의 쟁점특허의 청구항을 심층 분석했고, 특허 1번의 청구항은 A사의 제품을 아예 포함하지 않고, 2, 3번 특허는 포함한 것으로 판단했다.

필자는 다시 B사의 특허 2, 3번의 선행기술을 조사했고, 2번 특허는 이미 만료된 일본 특허로 인해 무효 가능성이, 3번은 특허출원인이 출원 중에 본인의 청구항 범위를 한정한 자료로 인해서 비침해로 판단할 수 있었다. 이런 분석결과를 B사에게 보내자, 이후 B사는 아무런 연락이 없다.

———◆◆◆———

특허침해경고장을 받았다고 해서 바로 전면전을 하거나 항복할 필요는 없다. 왜냐하면 수많은 특허권자들이 말도 안 되는 경고장을 보내는 경우가 허다하기 때문이다. 하지만 경고장은 특허 전쟁의 선전포고인 만큼 철저한 준비를 해야 한다. 특허는 청구항으로 그 권리의 범위가 한정되기 때문에, 모든 특허분쟁에서 대응은 청구항과 침해피의품의 비교에서 시작한다.

청구항을 관련 기술의 통상 기술자 (위 사례 경우에 전자 단말기 기술 당업자) 관점에서 해석하여 침해피의품을 (A사의 미국 전시회에 전시한 단말기) 포함하지 않으면 문헌침해가 아니고, 경고장 대응은 이 정도의 청구항 해석과 침해 판단으로 충분하다. 하지만 더 복잡한 균등침해 문제가 남아 있고 이는 실제 침해소송의 청구항 해석 단계에서 판결된다.

특허등록을 하려는 발명은 특허출원 이전에 존재했던 모든 것(선행기술)에 비교해서 새로워야만(신규성) 한다. 그러므로 선행기술이 존재하는 발명은 신규성 결여로 특허등록을 할 수 없고, 등록을 했더라도 선행기술을 근거로 무효시킬 수 있다. 즉, B사의 특허 2번은 출원 이전에 이미 등록된 일본 특허로 인해서 무효가 될 수 있었다. 또한 출원자가 특허등록을 하기 위해서 출원 중에 특허·발명의 범위를 축소할 경우 다시 확대해서 침해를 주장할 수 없다. 이 경우가 B사의 특허 3번에 해당되는 것이다.

초기 대응을 하지 않아 일이 커진 사례

스마트기기 부품 제조사인 K사가 관련 업계 세계 최대 업체인 미국 A사에게서 침해경고장을 받았다는 연락이 왔다. K사는 필자의 사무실에 20센티미터는 족히 되어 보이는 서류뭉치를 내놓았고, 그 사이에서 4개월 전 그리고 2개월 전에 받은 경고장 2개를 꺼냈다. 나머지 서류는 A사의 특허와 이를 K사의 연구소에서 자체 분석한 것이었다. 필자가 첫 번째 경고장에 대한 답신을 요구하자, K사는 답신을 어떻게 할지 몰라서 그냥 무시하고 있었다고 대답했다.

A사의 경고장은 미국 특허 2개를 포함하고 있었다. K사에서 자체분석한 결과 특허 1은 비침해고, 특허 2는 더 이상 K사가 시판하지 않는 제품에만 연관된 것이었다. 이를 바탕으로 필자는 특허분석을 위해 답변을 연장하겠다고 뒤늦은 답신을 보냈지만, A사는 이미 K사를 연방법원에 제소했다. 필자가 특허 2

의 무효자료를 찾아 소장의 답변과 미국특허상표청^{USPTO; U.S. Patent} ^{and Trademark Office}에 보낼 무효심판 신청서를 준비하던 중에 K사 대표가 서류 하나를 보여줬다. 이 서류는 K사의 특허 리스트였고, 상당수가 미국 특허들이었다. 필자는 A사 제품 대비 K사의 특허 청구항 비교표를 준비해서 소장의 답변을 정정하고, K사 특허를 무효시킬 자료를 조사했다.

A사의 특허 1 비침해와 특허 2 무효자료들과 무효심판 신청서, 그리고 K사의 청구항 비교표를 받은 A사는 협상을 제안했다. A사는 최종적으로 상징적인 합의금, 소송과 무효심판의 취소를 제안했다. K사의 대표가 합의와 무효심판 진행에서 고민하자, 필자는 미국 특허침해소송에 드는 경비와 시간을 상기시키면서 합의를 조언했다.

호미로 막을 수 있는 분쟁,
가래로 막지 않으려면

침해분쟁이 소송으로 커지는 첫째 사유는 경고장에 대한 무응답이다. 특허권자들은 일반적으로 막대한 경비와 시간이 소요되는 미국 소송보다는 합의를 선호하지만, 경고장을 접수한 후에도 무반응으로 일관하는 침해피의자는 제소할 수밖에 없다.

청구항 비교표는 상대방의 특정 침해부분을 부각시켜서 소송과 무효심판이 효과적이고 신속하게 진행되게 하기 위한 것으로, 기술과 특허법을 다 이해하는 전문가들이 작성해야 한다. 특허침해경고 또는 제소를 받은 피의자는 당연히 쟁점특허의 무효화를 시도한다. 따라서 특허권리행사에 반드시 선행해야 할 것은 쟁점특허의 무효 가능성이다. 이런 테스트는 자아비판식으로 냉철하게 해야 한다.

관련 시장의 선도업체는 경쟁업체를 견제하기 위해 특허분쟁을 제기하는 경우가 많다. 이러한 경우 쟁점특허무효나 비침해 자료를 찾는 것과 함께 강력한 대응수단으로 선도업체를 역제소할 특허를 확보하는 것이 있다.

비록 특허권자의 쟁점특허무효나 비침해가 가능하더라도 침해분쟁이 본인 사업에 미치는 영향을 고려해야만 한다. 자체 특허팀이 없는 대부분의 국내 중견·중소기업에 외국 특허분쟁이 생길 경우, 한정된 연구원은 침해 분석에, 관련 외국어가 되는 해외영업사원은 관련 외국자료 조사에 투입해야 하기에, 자칫 외국 특허분쟁을 대응하다가 회사의 모든 사업이 중단될 수 있다.

선도업체의 특허는 제2, 제3의 경쟁자가 시장에 진입하지 못하게 막는 좋은 장벽이 될 수 있다. 그러므로 선도업체의 특허를 살려두는 것도 한 가지 전략이다. 합의는 법적 문제와 아직 발생하지 않은 경우의 수가 많으므로 특허분쟁 합의에 경험이 많은 변호사의 검토를 받는 것이 바람직하다.

15장
특허침해분쟁의 강력한 대응,
불법 영업방해 제소

본인의 밥그릇을 빼앗는 경쟁자를 방관할 사업자는 없다. 다국가 FTA 시대에 관세는 더 이상 외국 경쟁자의 시장진입 장벽이 될 수 없다. 이런 시대에 지식재산권 특히 특허가 강력한 무역장벽으로 부상했다. 지난 몇 년 사이에 기하급수적으로 늘어난 국제 특허분쟁 관련 보도로 인해 특허에 대한 세인들의 인지도와 우려가 높아지고 있다. 법적 요소들을 완비한 침해경고장과 직·간접 침해피의자에게 하는 제소 경고는 특허법과 부정경쟁방지법을 포함한 모든 법에서 허가한 합법적인 재산권 행사다. 이런 행위를 중단시킬 수 있는 유일한 방법은 쟁점특허가 침해피의품을 포함하지 않는 다거나 무효를 증명해서 불법 영업방해로 역공격하는 것이다.

불법 영업방해 제소 사례

국내기업 K사는 무선데이터 통신장비 제조회사이고, 영국의 E사는 관련 업계의 선도업체다. E사는 유럽시장에서 K사의 점유율이 늘자 자사의 유럽특허 3개를 침해했다는 경고장을 K사에 보냈다. K사가 비침해 답변을 하자, E사는 K사의 유럽 고객들에게 경고장을 전달했다는 사실과 고객사들을 직·간접 침해로 제소하겠다고 했고, 침해제소에 불안을 느낀 유럽 고객들은 K사 제품의 구입을 주저했다.

지식재산권 관련 국내 공공기관의 지원으로 E사의 쟁점특허 3개의 특허출원 심사경과 기록을 분석한 K사는 특허 1번은 출원자의 청구범위 한정으로 비침해를 증명할 수 있지만 2번과 3번은 범위가 넓어서 비침해를 확신할 수 없었다. 그러자 K사는 자비로 추가적인 선행기술 조사·분석 업무를 유럽 특허분쟁 경험이 많은 국내업체에 의뢰했고, 업체는 관련 선행기술들이 있기 때문에 특허 2번과 3번 모두 무효가 가능하다는 의견서를 제출했다.

K사는 다시 국내 로펌의 유럽 변리사에게서 무효가 가능하며 그 결과 비침해라는 의견서를 받았다. 이런 의견서들을 토대로 유럽 특허청에 재심사 신청을 한 K사는 E사에 불법 영업방해로 제소하겠다고 경고했다.

K사의 경고를 받은 E사는 더 이상 악선전이나 이후의 조치를

하지 않았다. E사의 특허가 유럽시장의 제2, 제3의 경쟁자를 막는 좋은 진입장벽이라는 것을 알고 있는 K사는 상당한 시간이 흐른 후에 특허 재심사 신청을 포기했다.

────◆◆◆────

국제 특허분쟁이 많이 일어나는 서구국가들은 불법 영업방해에 대한 제재를 매우 엄격하게 하고, E사처럼 허접스러운 특허를 이용해서 악선전을 하는 불법 영업방해에 대한 제소는 특허침해분쟁에서 아주 강력한 대응법이다. 서구국가들의 모든 판단은 절대적인 서류와 증거 위주이므로, 불법 영업방해를 제소하기에 앞서 관련 서류와 증거를 확보해야만 한다.

쟁점특허를 무효화하는
3가지 방법

특허업계에서는 돈과 시간만 있으면 무효로 만들지 못할 특허는 이 세상에 없다는 이야기를 한다. 미국 특허의 경우 60% 이상이 개량특허이고, 그 결과 관련 선행기술들이 존재하기 때문에, 이들을 사용하여 쟁점특허를 무효로 만들 수 있다. 즉, 국제 특허분쟁에 생소한 국내기업들도 충분히 대응을 할 수 있는데, 문제는 국내기업의 대응 의지와 능력이다.

특허를 무효화하는 방법은 특허청에서 하는 재심사와 재검토, 법원에서 하는 특허무효 확인판결 소송, 3가지가 있다. 미국의 경우에 재심사는 3만 달러 내외의 경비와 1년 이내의 기간이 들어서 상대적으로 저렴하고 신속하지만, 재심사 신청자가 심사과정에 참여할 수는 없다는 단점이 있다. 재검토는 특허출원자나 소유자가 아닌 제3의 재검토 신청자도 재검토 과정에 참여할 수 있고, 일반적으로 30만 달러 내외의 경비와 2년의 시간이 든다. 특허청이 아닌 법원에서 판결을 받는 특허무효 확인판결 소송은 효과가 가장 강력하지만, 최소 3년에 연간 100만 달러라는 경비가 들어 대기업이 아닌이상 그림의 떡이다.

16장
특허침해소송을
당한다면

"우리 회사가 특허침해소송을 당할지 어떻게 알 수 있죠?" 한 강연에서 필자가 받은 질문이다. 매 해 독감에 걸렸기 때문에 올해에도 독감에 걸릴 것 같으면 겨울이 되기 전에 예방주사를 맞으면 되지만, 자사가 특허침해분쟁의 대상이 될지, 된다면 셀 수 없이 많은 전 세계 특허들 중에 어떤 것일지, 그리고 그 특허의 소유자는 누구일지 미리 알 수가 없다. 하지만 객관적으로 생각해보면 자사가 특허침해분쟁의 대상이 될지는 쉽게 파악할 수 있다.

특허침해분쟁
대상이 되는 경우

자신의 회사가 특허침해분쟁의 대상이 될 수도 있는 경우는 다음 5가지로 요약해서 말할 수 있다.

첫째, 이미 형성된 기존시장에 자사의 새 제품을 출시를 한다면, 해당 시장의 선점업체는 당연히 새로운 경쟁자의 진입을 막으려 할 것이다. 대부분 그 도구로써 FTA 시대에 유명무실한 관세가 아닌 특허를 사용한다.

둘째, 자사의 경쟁사가 (특히 특허괴물과의) 특허분쟁을 하고 있다면 자사에서도 특허분쟁이 일어날 확률이 크다.

셋째, 외국산 경쟁제품을 국산화하겠다면, 이 또한 곧 있을 국제 특허분쟁의 신호로 보면 된다. 왜냐하면 경제규모 세계 14위인 대한민국에서 유통되는 외국산 제품들은 대부분 이미 한국에 특허등록을 했기 때문이다.

넷째, 새 기술·제품의 출시 또한 특허분쟁의 가능성이 있다는 말이다. 국내업체들이 개발한 새 기술·제품은 기존 기술·제품의 개량 버전이고, 기존 기술·제품의 상당수는 관련 특허가 있다.

다섯째, 자사의 제품과 관련이 있는 어떤 특허의 거래가 (전 세계 어느 곳에서든지) 있었다면, 해당 특허 구입자의 목적이 특허권 행사이기에 향후 특허분쟁의 신호로 봐야 한다.

특허분쟁이 예상되면
그다음 할 일은?

특허분쟁이 예상된다면 그다음 단계는 관련 특허의 검색과 분석이다. 신원을 알고 있는 기존시장 선점업체나 경쟁사가 가지고 있거나 분쟁 중인 특허는 검색이 상대적으로 쉽다. 하지만 자사의 새 기술·제품 관련 특허나 거래된 특허 또는 특허괴물들의 분쟁에 대해서는 지속적으로 모니터링을 해야 한다.

검색할 특허에는 표준필요특허, 표준특허, 핵심특허까지 포함해야 한다. 또한 수많은 신기술들은 융합기술이기 때문에 관련 융합기술 특허도 빠트릴 수 없다. 침해 위험이 있는 특허가 검색되면 청구항 해석과 1차 침해 가능성을 분석하고, 그 결과 침해 가능으로 판단되면 관련 특허출원 심사경과 기록과 소송 기록을 토대로 2차 청구항 해석과 침해 가능성을 분석해야 한다. 2차 분석에서도 침해 가능으로 판단되면, ① 선행기술 조사, ② 회피설계, ③ 특허 라이선스, ④ 침해 기술·제품 폐기 또는 비등록 국가 수출, 이 4가지 방법으로 쟁점특허를 무효화, 비침해, 권리행사를 불가시킬 수 있다.

예상되는 침해분쟁에 대응할 수 있다면, 관련 자료로 유럽 특허권자가 애용하는 가처분과 세관 조치에 대한 방어서면, 미국 분쟁에 대한 특허무효 재검토, 재심사, 제3자의 정보제공 등 미국 특허상표청을 통한 대응과 법원에 확인판결 소송, 그리고 ITC 제소에 대응할 준비를 해야 한다. 또한 선행기술 조사에서 발견한 역제소가 가능한 제3의 특허를 매입할 수도 있다. 가장 평화로운 분쟁해결 방법인 특허 라이선싱은 자칫하면 특허의 존재와 침해 사실을 알고도 불법으로 실시했다는 증거가 될 수 있다. 또한 라이선스는 로열티 액수와 지불방식, 지역 등 고려요소들이 많기 때문에 섣부른 제안은 자제하고, 라이선스 협상 전반에 관한 비밀협약을 선행하는 것이 현명하다.

회피설계는 이론적으로는 최상의 옵션이지만 대기업이 아닌 이상 현실적이지 않다. 왜냐하면 특허침해를 회피하기 위한 설계와 제조시설 건설에 추가경비와 추가개발 기간이 발생하고, 회피설계로 개발한 기술·제품의 시장경쟁력과 기술적 진보에 대한 수요가 있는지 확신할 수 없기 때문이다. 또한 회피설계는 자칫하면 특허침해를 인정하는 것으로 비추어질 수 있기 때문에 세심하게 준비해야 한다.

17장

특허출원 심사경과 기록,
특허침해분쟁 대응의 시발점

세계적인 메가히트작 〈터미네이터 I〉의 기본 스토리는, 2029년
세계를 지배한 기계들이 인류를 소탕하려 하지만 인류는 지도자인
존 코너를 중심으로 반 기계연합을 구성해 대항한다. 그러자 기계
들은 존 코너를 태어나지 못하게끔 하기 위해 터미네이터를 1984년
으로 보내 존의 생모인 사라 코너를 암살하려 한다.

　이를 특허분쟁에 적용해서 대응할 수 있다. 바로 쟁점특허가 없
으면 관련 침해는 애초부터 없다는 결론이 되는 것이다. 쟁점특허
를 무효로 만드는 것이 특허분쟁에서 최상의 대응이다.

　특허·발명은 기본적으로 이전에 존재하던 모든 것들(선행기술)에
비해서 새로워야 하며(신규성), 쟁점특허·발명 분야를 늘 다루는 당

업자들이 생각하지 못할 정도로 비약적인 기술적·창의적 발전이 있어야(진보성) 한다. 즉, 외국 특허를 원천제거하려면 선행기술이 즉효약인데, 선행기술은 발명의 특허성과 관련만 있으면 종류, 형태, 지역, 시간 등을 개의치 않아서 관련 조사는 모래더미에서 바늘 찾기다. 다행인 것은 출원심사 중에 검토하는 수많은 선행기술들이 경과기록에 있고, 이런 선행기술들을 바탕으로 다른 선행기술들을 찾을 수 있다.

특허침해분쟁에 적절하게 대응한 사례

필자의 친구는 전자제품 제조업자다. 어느날 필자에게 싱가포르 특허 1개와 침해경고장의 분석을 부탁했다. 영국 D사가 소유한 싱가포르 특허는 날개는 없지만 날개 부위에 있는 외부 프레임에서 공기를 분사해 공기압 차이로 바람을 만드는 '날개 없는 선풍기'에 관한 것이었다. 청구항을 검토한 필자는 친구에게 자사의 날개 없는 선풍기 전 품목을 필자에게 보내라고 했다.

특허의 권리범위는 청구항으로 한정된다. 따라서 청구항 해석과 침해피의품의 비교는 침해분쟁에 대응할 때 가장 기본이다. D사의 날개 없는 선풍기 특허는 날개에 해당하는 부분과 몸체 두 부분으로 구성되어 있고, 청구항 1개는 날개 부분 대비 몸체의 크기가 55~65%를 청구하고 있다. 필자가 측정한 친구의 날개 없는 선풍기들의 날개 부분과 몸체 크기는 청구 범위보다 0.5~1.5센티미터가 컸다. 다른 청구항은 몸체 바닥에 장치된 전기모터가 공기를 몸체에서 날개 부분으로 뿜어 올리는 기능을 청구했다. 친구의 자사 제품은 공기가 통과하는 튜브 안에 공기의 속도를 증가시키는 다수의 바람막이를 장착해서 월등한 냉각효과가 있다고 주장했다.

D사 특허의 심사경과 기록에는 전통적인 선풍기의 단점인 소음과 날개로 인한 부상위험의 제거 등이 발명목적으로 되어 있었다. 하지만 냉각기능을 향상시키기 위해서 바람막이를 설치해 공기의 속도를 증가시켰다는 내용은 찾을 수가 없었다.

D사의 출원 심사경과 기록을 토대로 선행기술들을 조사한 결과 두 번째 청구항을 무효화할 수 있는 선행기술들을 찾았다. 필자는 이런 선행기술들을 토대로 무효를 주장하고, 날개 부분과 몸체의 비율이 친구의 제품을 포함하지 않는다는 답변을 D사에 보냈다. 답변한 날로부터 4년이 지난 현재까지도 D사는 아무런 반응이 없다.

───◆◆───

침해품이 청구항 내용을 그대로 포함하고 있으면 문헌침해라고 한다. 하지만 침해자가 바보가 아니고서야 청구항을 100% 베끼지는 않는다. 쟁점특허의 매우 유사한 기능Function을 매우 유사한 방법

Way으로 사용하여 매우 유사한 결과Result를 만들면 균등침해인데FWR test, 특허·발명의 목적이 균등침해를 판단하는 데 큰 결정요소가 된다. 발명목적을 파악하기 위해서는 발명자와 인터뷰라도 해야 하는데, 침해자는 발명자의 생존 여부는 물론 체류국가, 연락처 등 아는 것이 전혀 없다.

특허출원 심사경과 기록은 특허 심사관과 출원인이 특허출원에 관련해서 한 모든 소통을 포함하고 있는 서류뭉치다. 그 안에는 출원인이 주장하는 발명이 해결하려는 문제, 즉 발명목적을 파악할 수 있는 자료가 많다. 또한 출원인이 청구항 범위를 한정한 증거를 찾을 수 있고, 이 증거는 문헌·균등침해 관련해서 청구항 범위를 확장해 주장할 수 없게 하는 금반언(禁反言, 영미법에서 일단 행한 표시나 행위를 번복할 수 없다는 원칙) 역할을 한다.

특허침해자의
3가지 대응법

침해분쟁을 일으킨 특허의 청구항 범위가 본인의 제품을 문헌적으로나 균등적으로 포함한다면, 침해자에게는 3가지 대응 방법이 있다. 하나는 특허침해품의 생산·판매·사용을 즉시 중단하고 특허권자의 특허분쟁 쓰나미가 조용히 지나가길 기원하는 비현실적인 방법이다. 두 번째 방법은 특허권자와 과거 침해에 대한 보상은 하지 않는 조건으로 향후 특허 실시권에 대한 로열티 지불 계약을 체결하는 것이다. 이 방법은 잘못하면 긁어 부스럼을 만들 수 있기 때문에 극도로 신중해야만 한다.

　마지막 방법은 ① 쟁점특허를 특허법에서 요구하는 모든 사항을 준수하지 않았다는 사유로 무효로 만들거나, ② 무효가 되지 않는다면 본인 제품이 침해하지 않았음을 증명하거나, ③ 쟁점특허가 유효하고 본인 제품이 침해도 했지만 특허권자가 하거나, 하지 않은 언행으로 인해서 (법원의 판결을 통해서) 특허권리행사는 형평법에 어긋나므로 권리행사를 못하게 하는 것이다.

특허의 남용은
불공정 행위다

미국 형평법을 기반으로 한 특허침해 대응 방법 중에 가장 애용되는 것은 특허남용이다. 특허남용은 비록 특허는 배타적인 독점권이기는 하지만 형평법리에 어긋날 정도로 특허권리를 남용하는 경우에 불공정 행위로 간주해 특허권의 행사를 금지하는 것이다. 그러나 특허 자체가 영구적으로 불능이 되는 것은 아니고, 남용 행위를 중지하면 권리를 다시 행사할 수 있다.

　미국 특허침해소송의 형평법적 대응에 가장 애용되는 특허남용을 정의한 미국 특허법 35 U.S.C. §271(d)는 ① 특허권자의 허가 없

이 특허·발명실시는 기여 침해이므로 관련 사용료를 받는 행위, ②
①번 같은 상황에서 사용료 대신 실시권을 부여하는 행위, ③ 특허
직간접 침해에 대한 특허권 행사, ④ 특허실시권을 허가하지 않는
행위, ⑤ 특허실시권 허가나 특허실시 제품 판매에 특허권자의 다
른 특허를 사용하는 조건은 특허남용이 아니라는 부정형태로 되어
있다. 단, ⑤번 행위는 관련 시장 지배력이 높은 특허권자에게는 예
외인데, 시장 지배력이 어느 정도여야 특허남용에 해당하는지는 성
문법으로 정해놓지 않았기 때문에 실제 특허침해소송에서는 이에
관한 논란이 많다.

다음은 그동안 특허남용으로 판결된 행위들이다.

- 비특허 제품 끼워 팔기
- 상대방 특허 무상허가 조건
- 특허제품 재판매의 제한
- 특허권 범위에 속하지 않는 행위의 제한
- 다른 특허권자의 특허 라이선스를 거부하도록 요구
- 포괄적 라이선스의 강요
- 비특허 제품에 대한 특허 로열티 지불 조건
- 특허받은 공정으로 제조했지만 특허받지 않은 최종제품의 제한
- 특허제품의 가격 통제

스콧페이퍼Scott Paper 대 마칼러스Marcalus Mfg 사건에서 미국대법원은

"특허의 제조, 판매, 사용 권리는 특허권자가 임의로 별도 부여나 양도할 수 있지만, 특허기간이 만료된 후 특허의 독점권을 유지하려는 것은 특허법 취지와 정책에 반한다"고 판결했다. 결국 특허 만료 이후 로열티 징수는 특허실시권 계약에 사용하는 용어가 아닌, 예를 들어서 기술자문technical support 같은 용어를 사용해야만 한다.

18장

특허괴물 NPE,
어떻게 대응해야 하나

특허 관련 기술로 제품이나 서비스를 제조하거나 판매하지 않고, 특허만을 보유해서 특허침해분쟁을 일으켜 침해배상금이나 라이선스 로열티만을 노리는 특허비실시업체를 NPE^Non Practicing Entity라고 한다.

NPE는 1860년대부터 시작되었는데, 당시는 농경사회여서 농기구 관련 특허를 모아 농부들을 대상으로 특허침해보상을 받은 것이 NPE의 시초다. 1900년대 초 미국의 자동차 산업이 부흥하자 조지 셀든^George Shelden 변호사는 가솔린엔진 특허를 매입해서 자동차 제조사들을 제소하고 대당 0.75%의 로열티를 징수했다. 1980년대 컴퓨터와 IT 산업이 전 세계 경제의 패러다임을 바꾸자, '잠수함 특허'라고[9] 불리는 특허들만을 가진 특허권자들은 엄청난 특허 로열티 수익을 올렸다. 세간에서는 그들을 특허권리행사업체[PAE; Patent Assertion Entity]라고 부르기 시작했다.

PAE의 사업성을 발견한 미국 변호사들은 1990년대에 들면서 법무법인이 아닌 PAE 사업만 하는 업체들을 운영했다. 테크서치[TechSearch]라는 PAE에 침해 공격을 받은 인텔 사의 피터 뎃킨[Peter Detkin] 변호사는 테크서치에 '특허괴물[Patent Troll]'이라는 호칭을 처음 사용했다.

2000년대에 들어서면서 발명과 인벤션 캐피털[Invention Capital]이 병합한 ICT 산업이 전 세계적인 빅뱅을 일으켰다. 이들을 노리는 NPE 또한 빅뱅을 하는데 현재는 자본 5억 달러의 인텔릭 벤처[Intellect Venture]를 비롯해서 약 2천여 개의 NPE가 활동하고 있다.

특허괴물이 특허침해소송을 걸어온 사례

스마트폰에 장착하는 의료체크 검사기 제조사인 K사는 미국의 메디트레이드[Meditrade] 박람회에 참가했다. 전시 3일째 K사를 비롯해 다수의 박람회 참가사들은 미국 T사에서 보낸 특허침해 소장을 받았다. K사는 즉시 미국 특허침해소송 전문 변호

---

9 침해자의 수입이 적을 때는 특허분쟁을 일으키지 않고 기다리다가, 침해자의 수입이 많아져서 침해분쟁을 할 경제성이 있을 경우에만 사용하는 특허를 이야기한다. 마치 잠수함처럼 수면 밑에 있다가 적을 공격한 후에 수면 위로 나타난다고 해서 잠수함 특허라고 불린다.

사 S를 섭외해서 쟁점특허에 대한 분석과 자사 검사기가 침해했는지 문의했다. 그러자 S변호사는 쟁점특허의 유효 확인과 침해 가능성 결론을 보내왔다. 또한 변호사는 배경을 조사해본 결과 T사는 신생기업이며 쟁점특허의 미국 특허상표청에 등록된 특허권자가 아니라는 사실과, 쟁점특허가 몇 년 전에 원 발명자에게서 U사에 이양된 후 재등록된 사실을 전달했다. K사는 S변호사에게 쟁점특허의 심층 분석과 무효 가능성에 대한 업무를 의뢰했고, 이후 S변호사는 쟁점특허의 명세서에서 불명확한 청구와 발견된 선행기술들로 인한 진보성 부족으로 특허무효가 가능하다는 의견서를 보내왔다.

K사에서 자사 특허들에 불리한 자료를 받은 T사는 기다렸다는 듯이 특허변호사의 침해의견서를 보내면서, 한편으로는 합의를 제안했다. S변호사는 T사의 침해의견서를 분석했고, 첫 의견서 안에 이미 T사의 의견서 내용들과 분석을 포함한 점들을 환기시켰다. 또한 쟁점특허가 재등록된 것이므로, K사는 중용권을 사용할 권리가 있다고 이야기했다.

S변호사의 두 번째 의견을 받은 T사는 처음 제시한 합의 액수보다 훨씬 적은 액수로 합의를 했다.

특허등록의 요건 중에 명세서 요건은 특허·발명을 명세서에 글로 서술하여 통상의 기술자들이 (본 사건의 경우에 스마트폰 장착 기술자

와 의료체크 검사기 기술자) 특허·발명을 실시할 수 있게 하고, 출원자가 출원일에 알고 있던 특허·발명의 최적 실시를 공개해서 동일한 발명으로 제2, 제3의 특허를 등록하지 못하게 하는 것이다. 또한 특허의 범위를 일반인들이 이해할 수 있는 수준으로 명확하게 청구해야 하는데, T사의 쟁점특허가 이 부분을 충족시키지 못한 것이다.

특허의 진보성 요건은, 통상의 기술자가 관련 선행기술들을 짜깁기해서 쟁점발명을 만들어낼 수 있는 발명은 특허를 받을 정도로 발명 아이디어가 비약적으로 발전하지 못했기 때문에 특허를 허가하지 않는 것을 말한다. S변호사는 T사가 진보성을 만족시키지 못했다는 의견이었다.

NPE의 특허침해분쟁
기본전략

특허침해보상과 라이선스 로열티가 유일한 수입원인 NPE는 당연히 특허권리를 적극적으로 행사한다. 침해보상이나 로열티 지불을 자청할 침해자가 있을 리 없기 때문에 NPE는 빈번하게 침해소송을 한다. 그 결과 침해분쟁에서 NPE의 기본전략은 선 소송 후 타협인데, 제소 후 얼마 시간이 지나지 않았어도 협상을 제안하는 경우가 많다. 또한 NPE는 조기합의, 속전속결 전략을 구사하는데, 다수의 피의자에 제소한 후 한 피의자와 합의를 해서 선례를 만들고, 이를 남은 피의자들과의 합의에 사용한다. 박리다매도 NPE의 전략 중에 하나인 것이다.

합의 액수는 당연히 쌍방이 합의하기 나름이지만, 필자는 NPE가 제안한 합의금 액수를 NPE가 동일 특허와 쟁점으로 제소한 소송건 수로 나눈 금액까지 끌어내린다. 그 이유는 일반적으로 NPE가 제 시한 합의금은 해당 특허로 관련 모든 소송에서 받으려는 합의금의 총액이고, 그 결과 제안한 합의금의 1/n만 배상해도 NPE는 합의를 하기 때문이다.

특허침해 역제소, NPE에 대한 사회의 부정적 시각 등으로 NPE 는 자사의 명의로 제소하기보다는 페이퍼컴퍼니shell company를 통해서 대리 제소를 하는 전략을 자주 구사한다. 원발명자에게서 특허를 이양받은 업체가 아닌 신생업체가 침해소송을 한다면 NPE일 경우 가 많고, NPE로 판명되면 전술한 NPE의 침해분쟁 전략과 마인드 를 슬기롭게 역이용하는 전략이 필요하다.

필자는 KAIST에서 교수직을 제안받은 시기에 세계 최대의 NPE 인 인텔릭 벤처에서 취업제안을 받았다. 그들이 필자에게 의뢰한 업무내역은 국내 공대교수에게서 매입할 미국 특허의 재등록이었 다. 일반적으로 특허 재등록은 기존특허의 좁은 범위를 확장하기 위한 것이다. 특허 재등록은 재등록 이전의 특허범위에는 비침해 이지만 재등록 이후의 범위에는 침해가 되는 불공평한 결과를 초래 할 수 있다. 이러한 경우에 해당되는 침해피의자는 중용권(또는 선 사용권, intervening right)을 주장하여, 재등록 특허의 범위와 무관하게 침해 면죄부를 받는다. 앞의 사례에서 재등록된 T사의 특허에 K사가 중용권 사용의지를 표현하면 합의할 때 강한 영향력을 미칠 수 있다.

NPE가 중소기업을
노리고 있다

"외국 NPE들이 삼성이나 LG 같은 대기업한테서 특허 로열티 받기도 바쁜데 나 같은 피라미 기업까지 시비를 걸겠어?!" NPE의 위험성에 대한 이야기를 들은 대부분의 국내 중견·중소기업들과 발명자들은 이처럼 '우물 안 개구리'식으로 반응한다.

그런데 상식적으로 생각해보자. 과연 외국 NPE가 수백, 수천만 달러를 들여서 개발·매입한 특허들을 국내 대기업에게만 사용하고 개점휴업할까? 먹잇감인 사슴이 멸종하면 사자는 사슴보다 작은 토끼나 쥐 등 작은 동물을 먹지 않고 그냥 굶어 죽으려고 할까?

상당히 많은 NPE가 생겨났음에도 국내 중소·중견기업은 이러한 상황을 남의 일이라고 생각하고 있다. 그러나 NPE의 타깃이 국내 대기업에서 중견·중소기업으로 옮겨가고 있다. 그 증거는 〈도표 8〉의 특허청 산하 한국지식재산보호협회에서 발표한 통계에서 찾을 수 있다.

통계에서 볼 수 있듯이 2008년 5건에 지나지 않았던 외국 NPE의

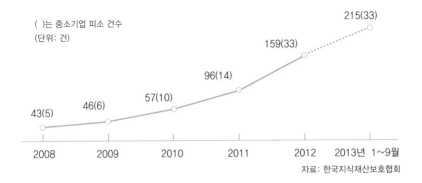

〈도표 8〉 **NPE가 국내 기업에 제기하는 특허 소송 추이**

( )는 중소기업 피소 건수
(단위: 건)

215(33)

159(33)

96(14)

57(10)

46(6)

43(5)

2008   2009   2010   2011   2012   2013년 1~9월

자료: 한국지식재산보호협회

〈도표 9〉 **산업분야별 NPE가 보유한 미국 특허 현황**

○자체 출판등록, 제3자 양수 특허
○출원·공개 중인 특허
(단위: 건)
2012년 11월 기준

17,758

12,873

12,699

10,617

4,966

5,145

4,626

4,148

2,814

1,990

2,207

1,322

전기전자   정보통신   화학·바이오   장치산업   기타산업   기계소재

자료: 세계지식재산권기구(WIPO)

국내 중견·중소기업 대상 특허소송은 2012년 33건으로 가파르게 올라갔다. 이 통계는 법원제소 없이 합의해 종결한 분쟁은 포함하고 있지 않다. 특허업계에서는 합의해 종결한 분쟁까지 포함하면 외국

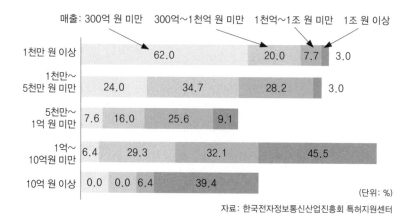

〈도표 10〉 전자·IT 기업 매출규모별 지식재산 관련 투자 비용

매출: 300억 원 미만   300억~1천억 원 미만   1천억~1조 원 미만   1조 원 이상

1천만 원 이상	62.0	20.0	7.7	3.0
1천만~5천만 원 미만	24.0	34.7	28.2	3.0
5천만~1억 원 미만	7.6 / 16.0 / 25.6 / 9.1			
1억~10억원 미만	6.4 / 29.3 / 32.1 / 45.5			
10억 원 이상	0.0 / 0.0 / 6.4 / 39.4			

(단위: %)

자료: 한국전자정보통신산업진흥회 특허지원센터

NPE가 국내 중소기업을 대상으로 한 특허분쟁은 연간 200여 건 이상이라고 추산한다.

〈도표 9〉의 세계지식재산권기구가 발표한 산업별 NPE가 보유한 특허 현황을 보자. 전기전자 특허 약 3만 개, 정보통신 특허 약 2만 4천 개 등으로 ICT 강국인 국내 중소·중견기업이 소송당할 수 있는 외국 NPE가 보유한 특허의 개수는 어마어마하다. 휴대전화 시대의 양대 산맥이었지만 이젠 NPE 사업에만 전념하는 노키아Nokia[10]와 에

----

10 노키아의 특허 포트폴리오는 미국에 약 1만 6천 개 특허와 4,500개 출원 중인 특허, 그리고 비 미국 특허는 약 2만 개로 추정한다. 그중에 3천 개는 4G LTE 기술에 필요특허로 평가되며, 이는 LTE 기술 표준필요특허의 19%에 해당된다. 또한 노키아가 크로스라이선싱을 한 퀄컴의 4G LTE 표준핵심특허(전체 특허의 약 13%)를 합산하면 노키아는 이 기술의 30% 이상의 표준핵심특허를 행사할 수 있다.

198

릭슨Ericsson11까지 가세한 외국 NPE의 특허공세는 가속화될 것이다.

〈도표 10〉은 미래창조과학부 소속 전자정보통신산업진흥회에서 조사한 결과로, 국내기업들이 글로벌 특허분쟁에 얼마나 안일하게 대처하고 있는지 보여준다. 1천억 원에서 1조 원 매출을 올리는 기업 중 글로벌 특허분쟁 관련해서 1천만 원밖에 투자하지 않는 기업이 7.7%나 되며, 1천만 원에서 5천만 원을 투자하는 기업은 28.2%다. 그런데 이 액수로 글로벌 특허분쟁의 경험과 능력을 갖추고 기업을 지켜낼 수 있는 특허인력을 과연 몇 명이나 고용할 수 있을까?

특허괴물을
규제할 수 있을까?

2014년 1월 한달 동안 필자의 관심을 끄는 특허 관련 소식이 2개 있었다. 하나는 공정거래위원회가 무차별적인 국제특허소송을 벌이는 특허괴물NPE이 경쟁제한 가능성이 큰 행위들을 할 경우 규제할 계획이라는 것이다. 그리고 또 다른 하나는 스마트폰을 비롯한 전자제품 글로벌시장에서 삼성과 LG의 턱밑까지 쫓아온 중국의 화웨

---

11 에릭슨은 무선통신기술 특허 약 3만 5천 개를 소유하고 있다. 에릭슨의 홈페이지에 따르면 2014~2018년에 매년 100개의 새 특허를 출원할 예정이고, 현재 그들과 특허 라이선싱을 맺은 업체는 90개가 넘는다. 또한 에릭슨의 NPE 대행업체인 언와이어드 플래닛(Unwired Planet)에 따르면 그들이 맡은 2,185개의 에릭슨 특허 중에 753개는 2G, 3G, LTE 관련 미국 특허다.

이가 캐나다 특허괴물인 록스타^{Rockstar}와 특허침해소송에 합의했다는 것이다. 이 두 소식의 공통점은 한동안 세인의 관심집중 대상이었다가 잊힌 특허괴물의 부활이다. 따라서 국내기업들이 특허괴물의 공격에 적절한 대응방안을 준비할 시기를 놓치면 심한 타격이 예상된다.

공정거래위원회는 특허괴물이 특허를 남용한 사례로 특허실시 허락 거절, 특허소송 남발, 그리고 사나포선을 열거했다. 그런데 이런 사유들은 공정거래 사유로 규제할 사항들이 못 된다. 특허는 국가가 인정한 사유재산이고, 사유재산은 재산권자의 마음대로 얼마든지 제3자에 실시를 불허할 수 있다. 건물주는 임대 희망자가 아무리 많은 임대료를 지불하겠다고 해도 거절할 수 있고, 이를 정부에서 강제할 수 없는 것과 같은 이치다.

특허소송 남발은 합리적으로 승소할 근거 없이 경쟁자의 사업을 방해하려는 등의 악의적인 목적으로 잦은 소송을 할 경우에 해당되는 형평법적 논리다. 하지만 그동안 수많은 특허괴물들은 자사의 경쟁사가 아닌 특허를 무단으로 실시한 업체들을 대상으로 침해소송을 했고 천문학적인 보상을 받아왔기에 이 또한 규제의 근거로 합당치가 않다.

사나포선은 민간 무장선박이 교전국의 선박을 공격할 권한을 정부에게 받는 것이다. 공정거래위원회는 제조업 특허권자가 침해자의 역제소를 피하기 위해서 특허괴물을 대리인으로 삼아 제소하는 것은 사나포선에 해당된다고 말한다. 미국 공정거래위원회$^{FTC:\ Fair\ Trade}$

Commission도 특허괴물의 사나포선 행위가 경쟁법을 위반했는지 검토하고 있다고 한다.

하지만 제조업 특허권자의 명의로만 침해를 제소할 수 있다는 말은 화폐를 찍어내는 한국은행 이외에 금전소송을 하는 다른 은행들은 모두 사나포선이라는 논리가 되어버린다. 또한 미국의 유명 전자·IP 잡지인 와이어드Wired가 FTC가 사나포선을 이유로 특허괴물을 규제할 수 있는지 전문가들에게 질문했다. 전문가들은 이구동성으로 FTC의 패배를 예견했다. 결론적으로 공정거래위원회는 특허괴물을 공정거래법 위반으로 제재할 합법적인 근거가 없다.

19장
유럽 특허분쟁 대응,
방어서면이 즉효다

국내기업들이 미국에 이어 두 번째로 국제 특허분쟁을 많이 하는 곳은 유럽이다. 그중에 독일이 과반수를 차지한다. 독일 특허분쟁은 상대적으로 받기 쉬운 가처분과 세관압류가 특징이다. 가처분은 독일 특허권자가 ① 유효 특허와 ② 긴급 침해피해 상황, 침해를 입증하는 자료들만 제출하면, 침해피의자를 심리하는 과정 없이 판사 재량으로 비교적 쉽게 내릴 수 있다. 특히 조기금지는 1~2시간 만에 내려진다.

　침해자가 독일 전시회에 참가하는 경우 이는 침해품을 독일시장애 첫 출시하는 것이고, 침해 긴급성 요건을 만족한다. 제품 안내서는 대체적으로 관련 제품과 기술의 중요 부분을 설명하고 있어서 관련 특허에 대한 기술적 판단이 없어도 침해를 입증할 수 있는 유용한 증거가 된다.

방어서면으로 특허분쟁을 해결한 사례

국내기업 K사가 몇 년 동안 준비한 새 IT제품을 독일의 유명 전자제품 전시회인 세빗^{CeBIT}에 전시하자, 네덜란드의 N사는 자사의 독일 특허를 침해했다고 K사에 대한 가처분 명령을 전시 이틀째 아침에 가져왔다. 국제 특허분쟁 경험이 없는 K사는 가처분 대상 제품을 제외한 나머지 제품으로 전시를 마쳤다. 그 후 N사의 특허를 회피한 새 IT제품을 개발해서 다음해 세빗에 참석했다. 하지만 이번에도 N사는 독일세관과 경찰을 대동하여 K사의 부스를 찾아와 제품을 압수해갔다. 부랴부랴 재독한국대사관을 통해서 독일 변호사에게 의뢰했지만 압수품 반환 소송은 최소 10일이 걸린다는 말에 소송을 포기하고 귀국했다.

K사는 귀국 즉시 유럽 특허분쟁 전문 국내로펌인 B를 찾았다. B로펌은 N사의 쟁점특허들과 K사의 IT제품 관련 모든 특허들을 조사·분석했고, 그 결과 3개의 선행기술을 발견했다. 다시 쟁점특허들의 특허출원 심사경과 기록을 분석하자 쟁점특허 1개는 무효가 가능하고 다른 하나는 비침해이지만 침해 위험이 있는 것으로 판단되었다. K사는 이러한 증거들을 토대로 방어

서면을 준비해서 세빗 관할 법원의 특허분쟁법정^{Patent Dispute Chamber}과 EU세관에 제출하고, N사의 첫 번째 특허무효 심판을 독일연방특허법원에 신청했다. B로펌은 방어서면 일체와, 법원과 세관의 판결들을 N사에게 전달했고, N사는 K사의 세 번째 세빗 참가에 더 이상 훼방놓지 않고 오히려 협상을 제안했다.

유럽 전시회에서 침해피의자가 가처분에 대한 아무런 조치를 하지 않으면 해당 가처분은 다음 전시회에도 유효하다. 즉, N사는 K사의 두 번째 세빗 전시회 참가를 원 가처분 명령으로 제지할 수 있다. EU세관은 침해피의품의 세관압류를 국경뿐만 아니라 전시회에서도 할 수 있고 전시회 부스를 강제철거할 수도 있다. 세관압류는 법원 가처분에 비해 비용이 저렴하고, 침해 의심만으로도 명령을 내릴 수 있다. 이런 사유로 유럽 특허권자들은 가처분과 함께 세관압류를 애용한다.

방어서면으로
특허분쟁에 대처하자

방어서면은 유럽 특허분쟁에서 가장 중요한 방어수단인데, 관련 선행기술, 특허 전문가의 의견서, 무효심판 신청서 등 구체적인 법원

가처분 또는 세관압류에 대한 항변 내용을 포함해야 효과가 있다. 일반적으로 독일법원이 제출된 방어서면을 심리할 때 가처분 신청 전에 방어서면을 제출하면 반드시 심리하기는 하지만, 별도증거는 제출할 수 없다. 판사가 쟁점특허무효 자료만으로 판단을 내리며 일반적으로 전시회 부스에 침해품이 없는 수준이면 비침해로 판단한다. 하지만 다른 EU국가에서 동일 침해품을 판매하거나 청약하고 있으면 방어서면 제출자가 비침해를 증명해야 한다. 가처분 무효판결이 나면 전시회 부스 재설치 등의 비용을 배상받을 수 있다.

세관압류 방지용 방어서면은 해당 침해피의품이 EU국가에 도착하는 시점 이전에 제출해야 효과적이다. 세관은 방어서면을 반드시 검토하지는 않지만, 쟁점특허 무효심판 신청서를 포함한 방어서면은 당연히 압류 최종허가에 큰 영향을 미친다.

고의침해 배상책임을
회피하는 방법

의도적으로 미국 특허를 침해했을 경우에 판사는 이를 일벌백계(一罰百戒)할 필요가 있다고 판단해 손해액을 3배까지 정할 수 있다. 또한 잠재적 침해자가 다른 특허의 존재를 알고 있으면서도 특허침해에 대해서 적절한 주의의무를 다하지 않고 타인의 특허를 침해한 경우에 징벌적 배상을 하게 한다.

징벌적 배상을 판결하기 위해서는 침해자가 쟁점인 특허의 존재를 전적으로 무시하면서 행동했고, 그런 행위를 뒷받침할 수 있는 합리적인 근거가 있어야 한다. 다른 징벌적 배상의 판단 기준으로는 침해자가 적절한 자격을 갖춘 특허변호사에게서 적절한 의견을 적정한 시기에 받고 이를 신뢰했는지가 있다.

하지만 침해자가 특허변호사에게 의견서를 받았다는 사실만으로는 침해자의 노력을 증명하기에는 부족하고, ① 의견서의 시기, ② 의견서의 내용, ③ 특허변호사의 자격, ④ 특허변호사가 의견을 의뢰한 사람의 자격과 지식, 이 4가지 기준으로 사실을 판단한다.

특허변호사 의견서의 시기는 일반적인 상식으로 판단한다. 새 제품의 디자인을 시작하기 전이나, 특허권자에게서 침해소송의 쟁점인 특허의 존재 사실을 통보받자마자 특허변호사에게 의견을 의뢰했으면 침해자는 선의의 노력을 했다고 본다. 하지만 특허침해소송의 사실심리를 목전에 두고 한 의뢰는 선의라고 보지 않는다.

고의침해 배상책임을 면하려면 침해품을 제작하기 이전에만 특허변호사의 의견을 얻은 것으로는 부족하다. 침해피의품을 제작하는 과정 중에는 물론 침해소송 중에도 특허변호사의 의견을 얻는 것이 바람직하며, 특허변호사 1명보다는 다수에게서 의견을 얻는 것도 고의침해 배상책임을 회피하는 좋은 전략이다.

법원에서는 구두 의견보다는 서면 의견서를, 최종의견만 제시한 것보다는 관련 과정과 그 이유를 상세하게 설명한 의견서를 더 신뢰하고 선호한다. 또한 의견서에는 최소한 쟁점인 특허와 침해피의품, 출원과정과 출원 중에 검토되었던 선행기술 등을 포함하고 있어야 하고, 청구항과 침해피의품의 비교와 문헌침해와 균등침해까지 분석한 의견을 포함해야 한다. 의견서를 작성한 특허변호사와 의뢰자의 자격에 관해서는 변호사의 전문분야와 쟁점특허의 기술과 연관성[12], 사내 변호사 대 외부 변호사, 변호사와 의뢰자의 학력·경력 등을 검토한다.

그 어떤 전문가가 작성한 의견서라도 100% 정답일 수 없다. 그래서 미국 법원은 특허변호사가 작성한 침해의견서가 반드시 옳아야만 한다고 요구하지 않는다. 하지만 그런 의견서는 다른 요소를 포함한 모든 사항들을 빈틈없이 검토해서 쟁점특허가 법원이나 제3자가 검토해도 무효나 비침해 또는 특허권 행사의 제한이 된다는 합리적인 결과가 나올 수준이어야만 한다.

---

12 예를 들어서 컴퓨터 공학을 전공한 필자가 IT 특허 관련 의견서를 낸다면 적절하지만, BT 특허와 관련한 의견서를 낸다면 법원의 신뢰도는 당연히 떨어질 수밖에 없다.

20장

여러 나라에서의 특허전쟁은
전방위적으로 대응해야 한다

여러 나라에서 특허를 받은 특허권자는 경쟁자의 시장진입을 저지하려 다수의 국가와 기관에서 위협적으로 분쟁을 늘려가는 경우가 많다. 하지만 이런 특허권자도 상대적으로 관련 경비가 적게 드는 국가에서 첫 분쟁을 시작한다. 그러다가 피의자의 저항이 커지면 최악에는 관련 경비와 시간이 어마어마하게 드는 미국 ITC와 연방법원 제소를 택한다. 관련 글로벌시장의 선두업체와의 특허전쟁을 독일에서 한국으로 그리고 다시 미국으로 크게 벌인 K사의 사례를 보자.

여러 나라에서 일어난 특허침해소송에 대처한 사례

K사는 엔진부품 제조사이고, 관련 제품을 한국과 미국, 유럽 자동차 제조회사에 공급했다. 독일의 G사는 자동차와 선박용 엔진부품 제조사이고, 주요 고객은 한국, 미국, 유럽 등의 자동차·선박 제조사이며, 해당 국가에서 관련 특허들을 소유하고 있다. K사 제품의 해외수출이 늘어나자 G사는 독일법원에 K사를 독일 특허침해로 제소했고, K사는 국내 로펌 B에 침해소송 관리를 위임했다. B로펌은 쟁점특허의 분석과 무효화를 위한 선행기술의 조사를 맡고, 선임한 독일 로펌에 독일 소송을 담당시켰다. 쟁점특허를 무효화할 수 있는 선행기술을 발견한 B로펌은 한국의 특허심판원에 G사의 한국 특허무효 심판을 신청했다. 독일 로펌은 이러한 자료를 바탕으로 독일 법원에 쟁점특허의 무효와 비침해를 주장했다.

K사의 적극적인 대응에 놀란 G사는 특허의 전쟁터를 미국으로 넓혔다. G사는 미국 특허를 침해했다고 미국 ITC에 K사 제품의 수입금지 명령 신청과 연방법원에 침해소송을 했다. B로펌은 미국 소송에 최소로 대응하기 위해서 현지 로펌을 선임하고, 한국 특허심판원에서 무효심판이 진행 중이라는 사실을 이유로 침해소송 중지로 신청했다.

이후 한국 특허심판원은 쟁점특허를 무효로 심결했고, 독일 법원은 K사의 비침해를 판결했다. B로펌은 이 두 자료와 추가 관련 증거를 미국 ITC에 제출했고, 다시 미국 특허상표청^{USPTO}에 G사의 미국 특허무효의 재검토를 신청했다. 그러자 G사는 K사에게 협상을 제의했다.

———————◆———————

삼성전자 제품에 내려진 수입금지 명령에 대해 오바마 미국 대통령이 거부권을 행사하지 않아서 국내에서 유명세를 탄 ITC는 준사법 행정기관으로 침해품의 수입금지와 압류조치를 할 권한이 있다. ITC는 쟁점특허가 일단 유효한 것으로 간주하기 때문에, 한국 특허심판원이 동일한 한국 특허를 재심사한다는 것은 수입금지 제소에 대한 적절한 대응이 아니다. 하지만 법무대리 비용이 독일과 비교가 되지 않는 미국의 특허침해소송은 일반적으로 쟁점특허의 무효 가능성이 있으면 관련 재심사, 재검토, 확인소송이 확정되어야 속개한다. 따라서 동일한 특허의 무효심판이 외국에서 진행되고 있다는 사실을 제출하는 것은 효과적인 최소대응이 된다.

ITC 제소
훑어보기

우리나라는 IP5로 불리는 최다 특허등록 국가 중에 하나지만, 안타깝게도 국내특허는 무효 판정률이 50%를 선회한다. 하지만 이는 특허침해피제소자에게는 좋은 대응자료가 되기도 한다. 특히 G사처럼 여러 국가에 동일 특허를 등록한 경우에, 한국 특허를 무효로 만들면 동일 발명을 특허로 허가한 다른 국가의 특허청이나 법원은 이런 판정을 중요하게 여겨 재검사를 한다. 독일은 쟁점특허가 일단 유효한 것으로 간주하고 소송을 진행하고, 차후 무효심결이 나면 항소심이나 별도 소송에서 다시 판결한다.

　미국 특허의 유효 여부를 따지지 않는 ITC도 특허의 존재에 대해서는 검토한다. 동일한 특허에 대해 한국 특허심판원의 특허무효 심결은 ITC가 미국 특허의 존재에 대해 심각하게 우려하게 만들기 때문에, 다국적 특허의 ITC 제소에 좋은 대응이 된다. 또한 2011년에 제정된 미국특허개혁법AIA은 USPTO의 재검토 과정을 최소의 관련 자료로 최단시간에 시작할 수 있게 만들었고, 그 결과 특허권자에게는 상당한 부담이지만 침해피의자에게는 상대적으로 저렴한 경비로 적절한 대응을 할 수 있게 되었다.

　ITC는 지식재산권 침해품 수입 등의 불공정행위에 대해 수입배제 명령과 중지 명령, 압류조치를 할 권한이 있다. ITC 제소 신청자는 ① 침해자의 특허침해 등 불공정 무역 행위와 ② 침해수입품의 영향을 받는 관련 미국산업이 있는지 증명해야 한다.

　일반적으로 ITC 제소자는 ITC의 업무관행에 맞게 제소장을 수정·보강하는 사전협의를 한다. ITC는 제소장 제출일 30일 이내에 조사의 개시를 결정하는데, ITC와 사전협의를 한 경우에 조사결정이 내려지며 피소자는 이 과정에 참여할 수 없다. 조사개시 결정은

〈도표 11〉 **ITC 제소의 흐름**

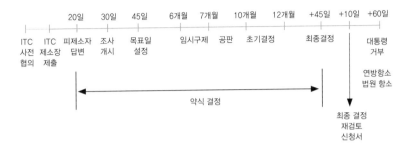

연방정부 관보에 게재되고, 당사자에게 제소장 사본을 보내며 해외 피소자 경우에 해당 대사관에 통지한다. 피소자는 제소장 접수일로부터 20일 내에 답변을 제출해야 한다. ITC는 조사개시일로부터 45일 이내에 조사완료 목표일을 설정하고, 통상적인 조사일정은 12~15개월이다.

ITC의 증거개시는 일반적으로 제소 후 6~8개월 내에 이루어진다. 임시구제 명령 신청은 제소일로부터 3~5개월 내에 명령 여부가 결정되고, 중간에 당사자들은 약식결정을 신청할 수 있다. 제소 후 7~10개월경에 공판이 열리고, 이후 당사자들은 최종의견서를 제출한다. ITC의 행정판사ALJ는 조사일정 3~4개월 전에 조사결과에 대한 초기결정을 하며, 사건의 처분방향 권고안을 첨부하는데, 수입배제 명령 종류와 침해품의 미국 내 판매나 유통 등의 금지 명령을 권고할 수 있다. ALJ의 초기결정에 불복하면 10일 내에 초기결정 재검토 청원서를 제출해야 하고, ITC는 초기결정일로부터 45일 내

에 최종결정을 한다. 재조사를 결정하지 않는 한 ALJ의 초기결정은
확정된다.

ITC는 대통령에게 최종결정을 보고하고, 대통령은 60일 내에 정
책적 판단에 근거해서 거부권을 행사할 수 있다. 대통령이 거부권
을 행사하지 않거나 ITC의 결정을 추인하는 경우에 ITC의 결정은
최종적인 효력을 가진다. ITC의 최종결정에 불복하는 경우에 연방
항소법원CAFC에 60일 내에 항소할 수 있다.

21장

외국 특허침해소송은
관련 전문가에게!

미국 특허침해소송 법무업무는 관련 법률과 기술을 모두 이해할 수 있는 전문가들만이 전담하는 (일반 미국 변호사도 담당할 수 없는) 특수영역이다. 또한 청구항 해석, 증거개시, 배심재판 등 대륙법이 근간인 우리법에는 없는 소송절차와 내용들이 미국 특허침해소송의 상당한 부분을 차지하기 때문에 비록 영어가 능통한 국내 변호사라도 담당할 수 있는 업무가 아니다. 그래서 미국 특허침해소송은 대부분 미국 특허변호사가 담당하는데, 그 수가 적어 수임료가 비싸다. 하지만 미국 특허침해소송을 성공적으로 해결하기 위해서는 관련 경험이 풍부한 미국 특허변호사를 선임하는 것이 최대 관건이다. 그래야 정확한 특허법 쟁점을 찾아낼 수 있다. 그리고 그에 따른 올바르고 효과적인 대응전략을 수립하고 집행해서 시간과 경비를 절약할 수 있는 것이다.

특허법에서 쟁점이 되는 부분을 준비한 사례

국내 글로벌 전자회사의 1차 협력업체인 K사는 자사의 스마트TV 프로그램 관리 소프트웨어를 미국 라스베가스에서 열리는 국제전자제품전시회CES에 전시했다. 그런데 전시 이틀째 날 K사는 일본의 J사가 특허침해를 이유로 버지니아주 연방지방법원에 제소한 소장을 받았다.

자체 해외진출이 처음인 K사는 특허침해소송에 대한 대응전략이 없었다. 미국 지인의 소개로 미국서부에 위치한 L로펌을 선임했고, L로펌은 K사가 버지니아주에서 상행위를 한 경력이 없다는 대물관할 결여로 캘리포니아주 연방지방법원에 소송지 이송을 신청했다. 하지만 미국 동부지역 상권 중심지이고 많은 버지니아주 업체들이 참석하는 뉴욕의 전자제품쇼에 K사가 참가한 사실을 J사가 버지니아주 연방법원에 제출하자 이송신청은 기각되었다.

K사는 소송대리인을 미국 특허침해소송 경험이 많은 국내 법무법인 B로 바꿨다. B법인은 쟁점특허의 분석과 방어전략의 수립과 집행을, B법인의 미국 제휴로펌인 I로펌은 소송의 진행을,

이렇게 업무를 이원화했다.

B법인은 J사가 제시한 쟁점특허들의 청구항을 해석한 결과 쟁점인 K사의 소프트웨어를 포함하지 못하는 것으로 판단했다. 또한 쟁점특허들의 특허출원 경과심사 기록을 분석하여 출원인이 쟁점 청구항의 범위를 한정한 사실과 한정한 범위에 K사의 소프트웨어가 포함되지 않음을 재확인했다. 이 과정에서 B법인은 J사의 특허를 무효화할 수 있는 자료를 찾았다. 이어서 B법인은 청구항 범위한정과 특허무효에 관한 미국 특허변호사의 의견서를 받았다.

B법인은 I로펌에 청구항 범위를 한정한 자료를 침해소송 항변자료로 법원에 제출하도록, 무효자료로는 J사 특허무효 심판 신청을 준비하도록 지시했다. K사의 이런 대응을 통보받은 J사는 몇 주 후 소송을 취하했다. 그리고 무효심판 신청을 정지하고 K사에게 라이선스 협상을 제안했다.

———◆———

미국의 연방법원은 9개의 순회법원과 94개의 지방법원으로 구성되어 있고, 연방법인 특허법 관련 사건의 관할권을 소유하고 있다. 특정 법원이 관할권을 가지려면 피고가 해당 법원 관할지역에 주거하거나 사업을 하고 있고(대인관할), 소송쟁점이 관할지역에서 발생했고(대물관할), 소송 당사자 특히 피고에게 불편하지 않은 소송지, 이 3가지 요건들을 충족해야 한다. 대인관할과 대물관할은 미국 연방대법원이 그동안 수많은 사건들에서 피고가 해당 법원의 관할지역에 최소한의 접촉만 했으면 충족한 것으로 판결했고, K사가 단기간이나마 뉴욕 전자제품쇼에 참석한 사실만으로도 충분했다.

22장

미국 특허 침해분쟁,
합의와 소송 사이

통계에 따르면 미국 특허의 95%는 실시권 계약을 맺은 적이 없고, 97%는 로열티 수입이 없다. 그럼에도 미국 특허출원의 수와 관련 침해소송은 기하급수적으로 늘어나고 있는데, 이러한 미국 특허 침해소송의 약 80%가 합의로 종결된다. 여기서 재미있는 사실은 합의한 침해소송은 평균 100만 달러의 법무비용을 지불하고도 소송 이전에 합의를 했으면 받을 수 있었던 금액과 비슷한 합의금을 받는다는 것이다.

그런데도 미국에서 일어나는 특허분쟁이 이렇게 많이 법정에 가는 이유는 뭘까? 그것은 바로 소송 당사자의 근거 없는 낙관 때문이다. 본인의 정보와 기대가 현실과 동떨어졌다는 자각을 하는 데는 평균 (경고장을 접수한 후 일반적인 합의시점인) 12개월의 시간과 100만 달러의 돈이 든다.

그렇다면 왜 특허소송 당사자들은 이러한 자가당착에 쉽게 빠질까? 이는 청구항 해석, 문헌침해, 균등침해, 금반언, 특허의 유효성, 부정행위 등 특허침해소송의 근본적인 법적 불확실성 때문이다. 또한 미국 특허가 갖추어야 하는 신규성, 진보성, 선행기술, 최적 실시예, 선판매 금지, 실시 가능, 형평법으로 인한 특허권리행사 제한 등 고려해야 할 문제들도 첩첩산중이다. 거기에 침해보상 액수 산정방법과 관련 증거, 고의침해 보상, 관련 시장의 정의와 시장점유율, 특허상품의 수요변화, 유사 특허의 로열티 산정방법 등 쉽게 판단하거나 결정할 수 없는 요소들도 셀 수 없이 많다. 고려해야할 요소가 많으면 오히려 단순하게 결정을 해버리는 인간의 본성도 미국 특허침해소송이 늘어나는 데 한몫을 하고 있다.

그러므로 이 시점에서 고민해야 할 것은 미국 특허침해분쟁을 해결할 때 '소송'과 '합의' 중 무엇이 가장 경제적이느냐는 것이다.

특허침해소송의
경제학

김씨는 미국 특허권자다. 본인의 미국 특허를 무단으로 실시한 침해자를 발견한 김씨는 즉시 경고장을 보냈고, 침해자는 수 차례에

걸쳐서 비침해라는 변명과 함께 김씨의 특허무효와 미국 형평법에 따른 특허권의 행사 불가를 주장했다. 그러면서도 침해자는 선심을 베풀듯이 50만 달러를 줄 테니 침해면책에 합의해달라고 제안한다.

이제 김씨에게는 큰 고민거리가 하나 생겼다. 침해자의 침해는 명백한 사실이지만, 일반적으로 연 100만 달러씩 비용이 들어가는 미국 특허침해소송을 해서 더 많은 침해배상을 받는 것이 더 나을지 아니면 한화로 5억 원이 넘는 합의금을 받고 그만두는 것이 더 나을지 하는 고민 말이다.

아기나무로
해결방법 찾기

이 고민은 '사다리 타기'와 유사한 '결정나무'를 이용하면 쉽게 해결방법을 찾을 수 있다. 결정나무에는 모든 상황을 매우 단순화한

〈도표 12〉 **아기나무 예시**

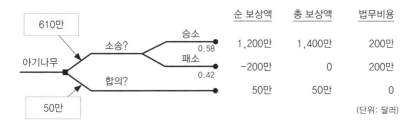

	순 보상액	총 보상액	법무비용
승소 0.58	1,200만	1,400만	200만
패소 0.42	−200만	0	200만
합의	50만	50만	0

(단위: 달러)

'아기나무'와 현실을 반영한 '엄마나무'가 있다.

〈도표 12〉에서 보듯이 아기나무는 우선 '소송'과 '합의' 2개의 선택 가지가 생기고, 소송 가지는 다시 '승소'와 '패소' 2개의 잔가지를 포함한다. 일단 침해권자가 제안한 50만 달러는 합의 가지에 표기한다. 관련 자료에 따르면 미국 특허권자의 특허침해소송 사실심리의 승소율은 58%라고 한다.[13] 그러므로 승소 잔가지에는 확률 0.58을, 패소 잔가지에는 확률 0.42를 배정한다. 이제 미국 특허침해분쟁의 모든 시나리오와 확률이 정해졌으니, 이 확률을 적용할 상황을 결정해야 한다.

1990년대의 미국 특허침해소송의 평균 침해보상액은 1,400만 달러였지만, 이 통계에 포함되지 않은 사건이 포함된 것보다 많으며, 폴라로이드Polaroid가 코닥Kodak에게서 8억 7,300만 달러의 보상액을 받은 초대형 사건을 포함하기 때문에 다소 액수가 과장된 것은 사실이다. 하지만 아기나무의 개념을 이해하기 위해서 1,400만 달러를 평균 보상액으로 가정한다. 여기에서 평균 200만 달러가 소요되는 법무비용를 제외하면, 승소 잔가지의 순보상액은 1,200만 달러가 된다. 하지만 보상액이 있을 수 없는 패소 잔가지는 200만 달러의 법무비용만 낭비했으니 순보상액은 마이너스(−) 200만 달러가 된다.

---

13 미국 특허권자의 사실심리 후 승소율은 판사재판의 경우에 51%이고, 배심재판의 경우에 68%다. 미국 특허침해피의자의 특허소송 배심판결 승소율은 33% 미만이고, 원고의 승소율은 심리법원에 따라서 다르다. 예를 들어 북부 캘리포니아 연방지방법원, 동부 버지니아 연방지방법원, 북부 텍사스 연방지방법원은 프로 특허권자 법원으로 유명하며 그 결과 특허 관련 소송에서 원고의 승소율이 상대적으로 높은 편이다.

승소 순보상액 1,200만 달러에 0.58 확률을 곱한 약 700만 달러(정확하게는 696만 달러)와 패소 순보상액 −200만 달러에 0.42 확률을 곱한 −84만 달러가 되고, 정확한 소송의 예상가치는 승소와 패소 시나리오의 순보상액을 합산한 616만 달러(700만 달러 − 84만 달러)가 된다. 이제는 다른 경비와 시간이 들지 않는 50만 달러 합의금을 받을지, 아니면 2년의 세월과 200만 달러의 법무비용을 지불하고 616만 달러의 보상금을 받을지 결정만 하면 된다.

엄마나무로
해결방법 찾기

미국 특허침해소송을 할지 말지 이렇게 쉽게 결정할 수 있으면 얼마나 좋을까? 하지만 아기나무는 모든 상황을 극단순화해서 결정나무라는 개념을 이해하기 위한 것이다. 앞서 말한 대로 미국 특허침해소송은 다수의 근본적인 법적 불확실성이 존재한다. 그중에 빅3는 특허경고장을 접수하는 순간부터 침해피의자들이 들이밀 ① 쟁점특허의 무효성, 침해를 했다 해도 특허권자가 했거나 하지 않은 언행으로 인한 ② 특허권리행사 제한, 그리고 ③ 불확실한 침해판결 여부다. 이제 아기나무에 미국 특허침해소송의 근본적인 불확실성 빅3를 더한 엄마나무를 살펴보자.

먼저 쟁점특허 유효판결 확률에 대한 통계를 보면, 여러 사유로

〈도표 13〉 **엄마나무 예시(중간 계산)**

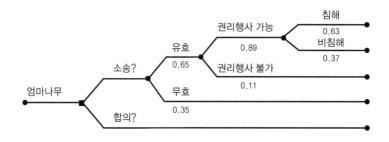

사실심리 이전에 소송을 기각할 확률은 15%인데 그중에 절반은 (8%) 특허무효가 기각사유라고 한다. 또한 특허유효 여부 관련 판결의 38%는 항소가 되고, (미국 특허침해소송의 실질적인 최종심리 법원인) CAFC^Court of Appeals for the Federal Circuit는 이러한 특허유효 여부와 관련해서 연방지방법원 판결의 22%를 파기한다. CAFC가 파기한 22%의 항소심 대부분은 침해피의자가 항소한 사건이며, 특허권자가 여러 번 요청한 항소와 CAFC가 판결한 하급심 파기와 환송을 통해서 받는 특허유효 판결은 22%의 2/3에 해당된다. 여하간 침해소송의 쟁점특허가 유효판결을 받을 확률은 67%이고, 다른 여러 사유들로 쟁점특허가 무효될 확률 2%가 더 있으니, 〈도표 13〉 엄마나무의 '소송가지'의 첫 단계 잔가지인 '특허유효'에는 확률 0.65를 그리고 '특허무효'에는 0.35 확률을 부여했다.

미국 특허침해소송의 근본적인 법적 불확실성 두 번째 요소인 '특허권리행사의 제한'에 관련된 통계는 ① 특허권자의 언행으로 인한 특허권 행사 불가 사유로 소송이 기각될 확률은 2%이고, ② 특허권리행사 제한 판결의 32%는 항소를 하며, CAFC는 이 32%의 항소심 중에 1/4, 즉 8%를 파기한다. 또한 ③ 위에서 언급한 특허유효 판결 항소심이 특허권리행사 제한으로 파급된 경우에, 특허권자는 CAFC가 파기한 8%의 특허권리행사 제한 판결의 2/3인 5.3%를 취득한다. 여기서 중요한 것은 특허권자의 부정행위로 특허권리의 행사가 제한된 경우는 전체 소송의 12%인데, 다른 사유들로 인해서 권리행사 제한 판결을 받을 확률은 1%가 더 내려간다. 그러므로 소송의 두 번째 단계의 잔가지인 '권리행사 가능'에는 89%을, 그리고 '권리행사 불가'에는 11% 확률을 부여했다.

비록 사실심리 이전에 비침해 판결이 될 확률은 5%에 지나지 않지만, 특허권자가 미국 특허침해소송에서 침해 판결을 받을 확률은 66%로 극감한다. 침해 판결을 받은 피의자의 37%는 항소를 하고, 이 중에 20%를 CAFC가 파기한다. 그런데 쟁점특허의 무효성이나 권리행사 제한과는 다르게 특허권자가 항소심에서 승리할 확률이 패소할 확률보다 높다는 데이터나 논리가 없다. 그러므로 사실심리 전에 소송기각 판결만을 고려한 특허권자가 침해판결을 받을 확률은 63%가 합리적이다.

아기나무의 승소율은 58%인 반면에 엄마나무의 승소율은 37%[14]에 지나지 않는 것을 볼 수 있다. 그 이유는 2가지로 볼 수 있다. ①

- - - - - - - - - - - - - - - - - - -
14   65% 특허유효 X 89% 특허권리행사 가능 X 65% 특허침해 = 37%

〈도표 14〉 **엄마나무 예시(최종 계산)**

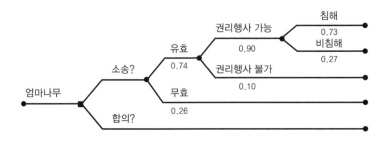

전체 소송의 15%가 사실심리 이전에 기각됨으로써, 이를 아기나무의 58% 승소율에 대입하면 특허권자가 승소할 확률은 49%[15]에 지나지 않고, 이는 상기 37%보다는 훨씬 희망적인 확률이다. 또한 ② 특허침해소송은 그 특성상 1개 이상의 사유로 특허권자가 패소할 수 있는데, 판사가 특허유효와 침해를 동일한 사유로 판결하는 경우는 74%, 배심평결은 86%라고 한다. 그러므로 특허권자의 현실적인 침해소송 최종승소율인 49%에 맞춰 조절한 특허 유효율은 74%, 특허 권리행사 허가율은 90%, 그리고 침해판결율은 73%가 합리적이다.

---

15 (100% 전체 특허침해소송 − 15% 사실심리 전 소송 기각) X 58% = 49%

현실적인
침해보상액 계산

평균과 중간은 분명히 다른 개념이다. 전술한 대로 아기나무에서 사용한 1,400만 달러의 '평균 침해보상액'은 폴라로이드가 받은 8억 7,300만 달러의 블록버스터급 보상액을 포함한 것인데, 이를 제외하면 미국 특허침해소송의 '중간 침해보상액'은 100만 달러다. 한편 폴라로이드 보상액을 제외하고 미국에서 실제 소송을 제기한 당사자가 보상액을 받은 경우는 5%에 지나지 않고 액수로 따지면 보상액의 56%밖에 안 된다. 또한 소송 기간이 길어 실제 소송을 제기한 당사자가 보상액의 90%를 받은 경우는 16%에 불과하다.

　그렇다면 엄마나무에서 사용할 예측 보상액으로 평균 침해보상액과 중간 침해보상액 중에 어떤 것을 사용해야 할까? 침해보상액은 무작위적이지도 않고 무작위적이어서도 안 된다. 그러므로 1,400만 달러보다는 현실적인 100만 달러 보상액을 수령하는 것이 더 현실적이고, 엄마나무에서는 이 보상액을 사용한다.

　현실적인 침해보상액을 산정하는 데 빠트릴 수 없는 요소는 특허권자와 침해자가 파산할 확률, 세금, 돈의 시간가치, 합리적인 법률비용이다. 미국기업들은 평균적으로 연 10%가 파산한다고 한다. 이런 파산기업 대부분은 스타트업 기업이거나 미미한 규모의 소기업이어서 눈에 띄는 규모로 침해하지도 못하고 침해를 했다고 해도 그 보상을 감당할 수 없는 기업이다. 침해보상금을 내지 못하고 파산할 침해자를 현실적이고 보수적으로 잡아도 2% 정도된다.

또한 특허권자도 파산할 수 있는데 특허권자가 침해보상 판결 이전에 파산하면 관련 보상을 받을 수 없다. 만약 침해소송기간이 5년이고 특허권자가 파산할 확률이 연 2%라고 한다면, 특허권자 또는 침해자의 파산으로 침해보상을 받지 못할 확률은 22%[16]가 된다. 그 결과 100만 달러 보상액은 78만 달러로 실제 수령액을 조정할 필요가 있다.

침해보상금은 소득세 납세대상이고 (설명 편의를 위한) 해당 세율이 40%라고 하면, 침해보상액은 46만 8천 달러[17]로 줄어든다. 5년 전 100만 원은 현재의 100만 원보다 돈의 가치가 크다. 시간의 흐름으로 인해서 돈의 가치가 변하는 것을 돈의 시간가치라고 하는데, 5년 후에 받을 보상액 46만 8천 달러를 연 10%로 현재의 가치로 역산하면 약 29만 5천 달러[18]가 된다.

필자가 '결정나무' 개념을 설명하기 위해 사용한 아기나무의 법무비용은 200만 달러인데, 200만 달러는 소송 당사자가 승·패소 관련해 아무런 위험을 생각하지 않고 각자 지불하는, 즉 현실과는 동떨어진 액수다. 특허침해소송 당사자는 본인 사업의 존패가 결정될 수 있는 특허전쟁에 총력을 다하는데, 그렇게 되면 실질적인 법무

---

16 평균 기업 파산율 10% + 침해자 파산확률 2% + 연 2% 특허권자 파산율 X 5년 = 22%
17 78만 달러 X (100 − 40)/100 = 46만 8천 달러
18 100만 달러 총보상액 X (100% − 22% 파산율) X (100% − 40% 세율) X (100% − 37% 돈의 시간가치) = 29만 5천 달러

〈도표 15〉 **엄마나무 예시**

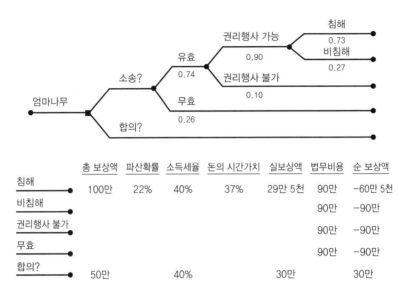

	총 보상액	파산확률	소득세율	돈의 시간가치	실보상액	법무비용	순 보상액
침해	100만	22%	40%	37%	29만 5천	90만	−60만 5천
비침해						90만	−90만
권리행사 불가						90만	−90만
무효						90만	−90만
합의?	50만		40%			30만	30만

(단위: 달러)

비용 외에 특허 청구항 해석과 침해 여부 확인에 투입될 자사의 연구개발 인력 비용, 외국 선행기술 조사과 외국 협력자와 의사소통을 담당할 외국어 능력이 되는 자사의 해외영업 인력 비용, 침해소송으로 인해서 추락할 자사의 인지도·신뢰도와 일실이익(소송이 없었다면 얻을 수 있는 이익) 등의 기회비용이 발생한다.

　미국 특허침해소송의 법무비용은 기회비용에 비례해서 늘어난다. 통계에 따르면 기회비용이 ① 100만 달러 미만일 경우 법무비용은 50만 달러, ② 100만 달러에서 1천만 달러 미만일 경우 130만 달러, ③ 1천만 달러에서 1억 달러 미만일 경우 290만 달러 ④ 1억 달러 이상일 경우 650만 달러가 든다고 한다. 엄마나무에서 사용하는 (중간 피해보상액인) 기회비용 100만 달러는 ① 100만 달러 미만과 ② 100만 달러에서 1천만 달러 미만의 사이에 속함으로, 법무비용은 ① 50만 달러와 ② 130만 달러의 중간인 90만 달러를 사용한다.

이제 관련 액수들을 대입하여 확률들을 곱한 각 시나리오의 예상 보상액들을 포함한 엄마나무는 〈도표 15〉와 같다.

종합해서 보면 합의를 할 경우 납세 후 실수령액은 30만 달러, 5년간 90만 달러의 법무비용을 쓰고서 특허유효와 권리행사 가능, 침해 판결까지 받으면 돌아오는 것은 60만 5천 달러 마이너스다. 만약 당신이 특허권자라면 어느 쪽을 택할 것인가? 당신이 얼마의 합의금을 제시하면 외국 특허권자가 법원에 제소하지 않고 평화적인 해결에 동의할까?

미국 특허침해분쟁의 해결은 특허법과 기술만이 연관 있는 것이 아니라 경제학과도 연관이 있다.